십자가, 그 놀라운 능력

The Power of the Cross

© 2016 by Tony Evans
Originally published in English under the title *The Power of the Cross* by Moody Publishers, Chicago, Illinois 60610, USA
All rights reserved.

This Korean Edition Copyright © 2017 by Timothy Publishing House, Inc., Seoul, Republic of Korea

Translated and used by permission of Moody Publishers, Illinois, USA.

이 한국어판의 저작권은 Frederick J. Rudy and Associates 에이전시를 통하여 Moody Publishers와 독점 계약한 (주)도서출판 디모데에 있습니다. 신 저작권법에 의하여 한국 내에서 보호받는 저작물이므로 무단 전재와 무단 복제를 금합니다.

십자가, 그 놀라운 능력

1쇄 인쇄	2017년 3월 13일
1쇄 발행	2017년 3월 22일
지은이	토니 에반스
옮긴이	장택수
펴낸이	고종율
펴낸곳	주) 도서출판 디모데 〈파이디온선교회 출판 사역 기관〉
등록	2005년 6월 16일 제 319-2005-24호
주소	서울특별시 서초구 서초대로 141-25(방배동, 세일빌딩)
전화	마케팅실 070) 4018-4141
팩스	마케팅실 031) 902-7795
홈페이지	www.timothybook.com

값 13,000원
ISBN 978-89-388-1610-8 03230
ⓒ 주) 도서출판 디모데 2017 〈Printed in Korea〉

십자가, 그 놀라운 능력
The Power of the Cross

토니 에반스 지음
장택수 옮김

찰스 라이리 박사님,
제 삶, 교육, 사역, 신학적 관점에
지대한 영향을 주셔서 감사합니다

차 례

서론 중심 _9

1부 십자가의 인성
1장 특성 _27
2장 목표 _47
3장 죽음 _67
4장 부활과 승천 _83

2부 십자가의 목적
5장 성취 _101
6장 신분 _119
7장 권위 _135
8장 해방 _151

3부 십자가의 능력
9장 안정 _169
10장 구원 _185
11장 기념 _201
12장 축복 _215

결론 최후 승리 _229
에필로그 십자가 아래의 연합 _241

서론

중심

볼티모어에서 어린 시절을 보낸 나는 매주 같은 일정의 토요일을 보냈다. 정오까지 어머니가 시키신 집안일을 마치고 집에서 가까운 운동장에 가서 친구들과 미식축구를 했다.

미식축구에 빠져 있었던 나는 월요일부터 목요일까지 학교에서 하프백을 맡고 금요일 저녁에는 경기를 치렀으며, 토요일 오후에는 친구들과 어울려 경기를 했다.

친구들과 미식축구를 하려고 모인 어느 토요일 오후, 언제나 그렇듯 편을 나누고 경기를 시작하려 했다. 우리는 상대를 마주보며 대열을 정리하고 공을 찾았다. 그런데 사방을 아무리 둘러봐도 그날따라 공이 보이지 않았다.

운동장에 모여 팀을 나누고 경기를 시작하려 했으나 공이 없어 모든 것이 허사가 되었다. 가장 중요한 도구가 없어서 그곳에 모인 목적을 이루지 못한 것이다.

작은 공 하나에 어마어마한 의미가 있었다. 공이 없으면 경기를 할 수 없기 때문이다.

특히 미식축구에서는 공이 모든 것을 결정한다. 공을 옮긴 거리로 공격 기회를 잡을 수 있기 때문이다. 공을 가지고 상대 팀 골라인을 넘으면 터치다운, 공을 잡았다가 놓치면 펌블, 공을 골포스트 사이로 넣으면 필드골이다. 다 큰 남자들이 공 때문에 싸우고 공 때문에 환호하며 공을 손에 넣으려고 분투한다. 프로미식축구리그(NFL)는 수십억 달러의 비즈니스라서 주말마다 수백만 팬의 관심과 환호가 쏠린다. 그러나 공이 없으면 경기도 없다. 공이 없으면 경기장에서의 모든 일이 수포로 돌아간다.

핵심은 십자가

기독교의 핵심은 십자가다. 그리스도인의 삶에서 십자가는 중심이다.
또한 예수님은 십자가에서 가장 핵심이 되는 일을 성취하셨다. 그리스도의 십자가가 없으면 능력도, 자유도, 용서도, 권위도, 강함도, 승리도 없다. 핵심은 십자가다.
해마다 부활절이 되면 사람들은 십자가에 관심을 기울인다. 십자가에서 그리스도가 우리 죄를 위해 치르신 핏값과 십자가 사건 사흘 후에 무덤이 빈 것을 기억한다. 그리스도의 희생적인 죽음으로 우리는 부활 즉 영생을 누리게 되었다. 우리는 십자가의 현실을 기억하고,

예수님을 믿는 사람들에게 주어지는 영생을 묵상한다. 그러나 부활절이 지나면 십자가에 집중하지 않고 다시 우리 방식대로 일상을 산다.

이것은 마치 프로미식축구리그에서 슈퍼볼 기간에만 축구공 사용을 허용하고 그 외 시즌에는 불허하는 상황과 비슷하다. 평상시에 공을 사용하지 못하면 슈퍼볼 경기는 의미도 없을 것이고 경기 자체가 가능하지 않을 것이다.

주일마다 교회에 모이는 것만으로는 충분하지 않다. 또한 주일이나 주중 프로그램, 신앙서적, 세미나, 예배로도 충분하지 않다. 물론 전부 유익하고 필요한 일이지만 그 중심에 십자가가 없다면 무의미하다. 십자가가 빠지면 남는 건 종교라는 이름의 알맹이 없는 껍질뿐이다.

친밀함과 은혜를 누리며 영적으로 승리하는 삶은 뒤로하고, 허울뿐인 규정과 의무와 판단으로 신앙을 유지하고 정당화한다. 그 결과 결코 장성한 분량에 이르지 못한다. 어려운 상황을 온전히 극복하지 못하고 패배의 늪에 빠져 허우적거린다. 십자가의 능력과 구원 없이 살다가 소명과 의미를 성취하지 못한다. 십자가 없는 신앙생활은 축구공 없는 축구 경기와 비슷하다.

우리는 십자가 모양의 장신구를 몸에 걸고 교회나 집안 곳곳에 십자가 그림, 현수막, 장식품을 둔다. 이러한 행동에는 십자가의 참된 의미와 능력을 분리할 위험성이 있다. 십자가가 부적이나 장식품으로 전락하고 십자가의 본질을 선포하기보다 죄책감을 모면하는 수단이 될 때 그렇다. 그러나 십자가는 순전한 사랑의 가장 위대한 확증이자 실천이다.

오늘날 우리의 삶과 가정, 교회, 공동체의 문제는 지식이나 능력, 동기의 부족이 아니다. 바로 십자가의 목적과 우월함, 능력을 망각한 것이다. 우리는 성만찬이나 부활절을 제외한 일상에서는 십자가를 우리와 무관한 성상으로 여긴다.

> 십자가는 순전한 사랑의
> 가장 위대한 확증이자 실천이다.

우리는 십자가를 수천 년 전 사건을 의미하는 상징물이 아닌 우리를 천국으로 인도하는 역사적 사건이자 이 땅의 삶에 필요한 모든 것을 포함한 현재의 사건으로 바라보아야 한다.

그리스도와 십자가를 기억한 바울

사도 바울은 갈라디아 교인들에게 보낸 편지에서 그리스도와 십자가를 기억하라고 거듭 촉구한다. 바울은 편지를 마무리하며 오늘날 우리가 기울임, 밑줄, 굵은 글씨로 내용을 강조하듯 자신만의 강조법을 사용했다. 바울은 글씨를 크게 써서 내용을 강조했다. "내 손으로 너희에게 이렇게 큰 글자로 쓴 것을 보라"(갈 6:11). 이 말은 이런 의미다. "이 사실을 잊어버리지 마십시오. 앞에서 한 이야기도 중요하지만 이 부분이 가장 중요합니다."

바울은 자신의 유일한 소망이 십자가라는 사실을 다시 한 번 강조한다. "그러나 내게는 우리 주 예수 그리스도의 십자가 외에 결코 자랑할 것이 없으니 그리스도로 말미암아 세상이 나를 대하여 십자가에 못 박히고 내가 또한 세상을 대하여 그러하니라"(갈 6:14).

바울은 이미 오래전에 구원받았음에도 여전히 "십자가 외에 결코 자랑할 것이 없다"라고 했다. 그는 십자가라는 역사적 사실을 현실과 무관하게 여기지 않았다. 바울은 십자가를 유일한 이정표이자, 중심이며, 연약함을 이길 힘으로 여겼다. 십자가는 그의 정체성이자 소망이었다.

종교인가 관계인가?

바울이 갈라디아 교인들에게 보낸 편지에서 십자가를 강조한 이유는 그들이 참된 신앙과 능력에 대해 혼란스러워했기 때문이다. 그들은 모든 능력의 근원이 그리스도가 십자가에서 돌아가시고 성령을 보내심에 있다는 믿음을 상실했다. 그들은 그리스도가 이미 하신 일 대신 자신이 할 수 있는 일에 집중했다. 바울은 그들이 어떻게 그런 생각을 갖게 되었는지를 간파하고 이렇게 말했다. "무릇 육체의 모양을 내려 하는 자들이 억지로 너희에게 할례를 받게 함은 그들이 그리스도의 십자가로 말미암아 박해를 면하려 함뿐이라"(갈 6:12).

바울은 갈라디아 교인들이 예수 그리스도를 온전히 만나지 못하고, 그리스도인으로 풍성하게 살지 못하는 이유가 종교 때문이라고 지적한다. 종교가 십자가를 가로막았다.

당시 할례는 종교적 헌신과 참여의 외적인 상징이었다. 바울을 따라다니던 사람들은 바울이 교회를 시작할 때마다 교회의 신앙 구조를 바꾸려 애썼다. 이 유대주의자들[Judaizers, 헬라어 동사 이우다스(ioudaiz)에서 파생, "유대 전통에 따라 산다"는 의미다]은 구약의 종교 전통을 철저히 지키려 노력했다. 그들은 새신자들에게 외적인 종교 규칙을 지켜야 한다며 특히 할례를 강조했다. 그들은 십자가의 메시지를 뒤엎으려고 애썼다. 그들에게는 종교만 있었지, 예수 그리스도와의 관계는 없었다.

아무리 진실한 마음으로 해도 종교 활동이 관계보다 앞서면 삶에서 예수 그리스도의 능력을 경험하기 어렵다.

현대 교회가 직면한 심각한 위협은 종교가 구세주와의 친밀한 관계를 대신하는 것이다. 종교는 하나님과 상관없이 하나님의 이름으로 하는 외적 활동, 규범, 기준을 말한다. 하나님을 경배하고 그분에 대해 배우며 경험하고 싶어서가 아니라, 종교적으로나 신앙적으로 마땅히 해야 할 일이라서 교회에 간다면 그것이 바로 종교다. 하나님과 상관없는 마음으로 하나님을 위해 하는 일이 바로 종교다.

신학생 시절 내심 흡족해하며 의기양양하게 과제를 제출한 적이 있다. 나로서는 최선을 다했다. 자료를 충분히 검토하고 제기될 가능성이 있는 여러 논란을 철저히 분석했다. 개인적으로 만족스러운 결과물이었다.

그런데 교수님께 돌려받은 보고서에는 큼지막하게 '0'이라고 적혀 있는 게 아닌가? 아래쪽에는 작은 글씨로 교수님의 의견이 적혀 있었다. "토니 군, 철저히 준비한 리포트인 것 같군. 그러나 출제 의도와 다르게 서술했다네."

보고서가 형편없다는 말은 아니었지만 내 노력의 방향이 잘못되었다는 말이었다. 열심히 연구했으나 방향이 틀렸다. 내 노력은 인정을 받지 못했다. 기독교도 그리 다르지 않다. 많은 사람이 훌륭하게 섬긴다는 사실을 부정하려는 게 아니다. 그들은 교회에 가고 상처 입은 사람들을 섬기며 영적인 대화를 나눈다. 다만 그들은 십자가를 잃어버렸다. 예수 그리스도를 잃어버렸다. 그러고는 왜 자신이 예수 그리스도의 승리, 힘, 소망, 권위를 경험할 수 없는지 묻는다.

종교 규칙 같은 외적 준수는 관계에 걸림돌이 된다. 이러한 종교 규칙을 부르는 이름은 바로 율법주의다. 율법주의는 행동으로 신앙을 측정한다. 율법주의 아래 있으면 언제나 더 많이, 더 잘, 더 멀리 가고, 더 길게 기도하며, 더 열심히 하려고 노력한다. 한도 끝도 없다. 율법주의의 문제는 할 일이 계속 추가되기 때문에 끝이 없다는 것이다.

바울은 유대주의자들의 방식을 따르는 사람들에게 엄중히 경고한다. "그리스도께서 우리를 자유롭게 하려고 자유를 주셨으니 그러므로 굳건하게 서서 다시는 종의 멍에를 메지 말라…너희가 만일 할례를 받으면 그리스도께서 너희에게 아무 유익이 없으리라…율법 안에서 의롭다 함을 얻으려 하는 너희는 그리스도에게서 끊어지고 은혜에서 떨어진 자로다"(갈 5:1-2, 4).

"그리스도에게서 끊어지고 은혜에서 떨어졌다"는 말로 바울은 예수 그리스도가 우리에게 더 이상 아무런 유익이 되지 않는다고 말한다. 우리가 우리 자신과 종교를 의지할 때 예수님의 힘, 친밀함, 능력과 같은 그분이 주시는 모든 것에서 분리된다. 매우 심각한 일이다. 바울은 종교 활동이 오히려 그리스도인으로 하여금 주님을 경험하지 못하게 방해한다고 말한다. 교회 활동이 우리를 그리스도와 멀어지게 할 수도 있다. 자기 의는 우리를 참된 의에서 멀어지게 한다.

예를 들어 스트레스나 압박, 인정 욕구, 남편의 잔소리 때문에 집안일 목록을 만들어서 하는 아내와 사랑을 동기로 같은 일을 하는 아내가 있다고 가정해보자. 이 두 아내가 남편과 누리는 관계의 양상은 완전 다를 것이다. 활동 자체는 같더라도 마음의 동기가 달라서 즐거움과 보상이 다르기 때문이다.

하나님은 우리가 의무감 때문에 그분을 섬기기를 결코 바라지 않으신다. 우리가 순수한 동기에서 그분을 섬기기 원하신다. 하나님이 원하시는 것은 우리의 마음이다. 우리의 도덕관, 기도, 주님을 향한 헌신 등 모든 일이 종교적 의무가 아니라 주님과의 관계에서 비롯되기를 바라신다. 우리가 일에만 집중하지 않고 예수 그리스도께 속한 존재라는 사실에 충실하기를 바라신다.

> 율법주의는 행동으로 신앙을 측정한다.
> 언제나 더 많이, 더 잘, 더 열심히 하려고 노력한다.

두 번의 십자가

바울은 승리하는 그리스도인으로 살려면 십자가에 두 번 달려야 한다고 말한다. 바로 예수 그리스도의 십자가와 우리의 십자가이다. "그러나 내게는 우리 주 예수 그리스도의 십자가 외에 결코 자랑할 것이 없으니 그리스도로 말미암아 세상이 나를 대하여 십자가에 못 박히고 내가 또한 세상을 대하여 그러하니라"(갈 6:14).

바울은 자신이 이 세상에 속한 모든 것에 대해 못 박혔다고 말한다. 그리스도와 함께 십자가에 달림으로써 첫 번째로 세상과 분리되고, 두 번째로 그리스도와의 연결과 조정이 일어난다. 이것이 두 번의 십자가다.

'세상'을 뜻하는 헬라어 코스모스(kosmos)는 특정 철학이나 기조를 강조하려고 조직된 세상의 구조나 방식을 말한다. 예를 들어 언론에서 자주 쓰는 '스포츠계', '경제계', '정치계' 같은 말은 특정 장소나 위치를 말하는 게 아니다. 이는 특정한 정의나 규정, 가치관을 수용하는 구조 체계를 말한다.

그리스도와 함께 십자가에 못 박혔다는 바울의 말은 자신이 이제 하나님과 분리된 이 세상의 구조 즉 '세속'에 살지 않는다는 뜻이다. 바울은 하나님과 상관없이 하나님께 인정받으려고 사람이 만든 모든 전략과 규칙에 대해 십자가에 못 박혔다고 말한다.

사실 세상은 종교를 거부하지 않는다. 종교를 용인하고 심지어 포용한다. 종교는 전 세계적으로 인간이 만든 구조의 상당 부분을 장악하고 있다. 그러나 세상은 예수 그리스도의 십자가를 수용하지 않는다. 예수 그리스도를 소개하는 순간, 특정 종교를 지나치게 내세운다고 비판한다. 세상은 포괄적이고 애매한 상태로 하나님과 함께하는 것만을 문제 삼지 않는다.

십자가, 우리의 초점

십자가의 핵심은 종교가 아니다. 십자가는 우리가 지은 과거, 현재, 미래의 모든 죄에 대한 하나님의 영원한 사랑의 표현이자 대가 지불이다.

바퀴의 중심에 문제가 생기면 바퀴살이 분리되듯, 십자가가 우리 정체성의 초점이 되지 않으면 삶의 모든 영역에서 극단적인 분리가 일어난다. 하나님을 배제하는 세상의 방식대로 자신을 정의하지 않도록 주의해야 한다. 세상에 잠시 발을 담갔더라도, 언젠가 다시 빼면 된다는 말에 속지 마라.

깊은 호수나 바다에서 수영해본 적이 있는가? 수심 30미터에서 수영하려고 했다가는 살아남기 어렵다. 사람의 몸은 그러한 환경에 적응하도록 만들어지지 않았다. 적절한 장비가 없으면 2분도 버티기 어렵다. 이처럼 세상을 살아가는 데 필요한 장비는 십자가다. 십자가가 우리의 산소통이다. 우리의 기준점이며 생명이다. 십자가는 우리의 모든 것이다.

왜 그토록 많은 신자가 승리하는 삶을 살지 못하고 아등바등할까? 십자가를 받아들이고도 십자가 없이 살기 때문이다. "누구든지 나를 따라오려거든 자기를 부인하고 자기 십자가를 지고 나를 따를 것이니라"(마 16:24). 우리에게 십자가를 지었다가 내려놓으라고 하셨는가? 그렇지 않다. 십자가를 지고 주님을 따르라고 하셨다.

바울이 고린도 교인들에게 보낸 서신에도 동일한 내용이 이어진다. "형제들아 내가 그리스도 예수 우리 주 안에서 가진 바 너희에 대한 나의 자랑을 두고 단언하노니 나는 날마다 죽노라"(고전 15:31). 십자가는 예수님과 그분의 생명, 죽음, 매장, 부활의 목적과 매 순간 연결되고 그것을 매 순간 기억하는 것이다. 십자가는 개인의 죄에 대한 인정과 함께 그리스도에 대한 완전하고 철저한 의존, 그리스도로 충분하다는 인정이다.

예수님은 개인적인 안정보다 더 중요한 것을 제시하신다. 호기심 많은 군중을 향해 "누구든지 자기 십자가를 지고 나를 따르지 않는 자도 능히 내 제자가 되지 못하리라"(눅 14:27)라고 하셨다. 우리는 예수님의 십자가가 아니라 우리의 십자가를 져야 한다. 그분의 십자가는 그분이 감당하셨다. 우리의 십자가는 우리가 감당해야 한다.

십자가를
지는 일

십자가를 진다는 말에는 다양한 의견이 존재한다. 육신의 문제나 고집불통인 가족, 골치 아픈 이웃을 가리키며 "내가 져야 할 십자가"라고 말하는 사람들이 있다. 그러나 그것은 십자가가 아니다.

로마 시대의 사형수는 사형장까지 십자가를 지고 감으로써 대중에게 자신이 중한 범죄를 저질렀음을 알렸다. 십자가를 진다는 말은 예수 그리스도의 수치를 감내한다는 의미다. 그리스도인이라는 이유로 사람들에게 정죄를 받음으로, 예수님과 같은 일을 겪는 것이다. 누군가가 예수님의 제자라는 이유로 비난할 때 "당신 말이 맞습니다"라고 인정하는 것이다. 자기 십자가를 진다는 것은 그리스도께 헌신하여 그리스도를 최우선에 두는 죄를 지었다고 공적으로 인정하는 것이다.

자기 십자가를 지는 여성은 "나는 그리스도인이기 때문에 혼전 관계를 하지 않겠다"라고 남자친구에게 말한다. 자기 십자가를 지는 사업가는 "나는 그리스도의 제자이기 때문에 비윤리적인 행동을 할 수 없다. 내 삶의 기준은 다르다"라고 말한다. 십자가를 지는 일은 자신과 자신의 욕망에 대해 죽고 예수 그리스도를 최우선에 두는 것이다. 십자가를 지는 일은 결코 편안하지 않다.

종교와 직분은 중요하지 않다. 중요한 것은 예수 그리스도와 우리의 관계, 우리 내면에서 비롯된 새로운 삶이다. 사도 바울은 고린도 교인들에게 이렇게 말했다. "그런즉 누구든지 그리스도 안에 있으면 새로운 피조물이라 이전 것은 지나갔으니 보라 새 것이 되었도다" (고후 5:17).

매일의 생활, 결정, 감정, 재정 등 모든 일에서의 승리는 우리가 예수 그리스도와 그분의 십자가 사역에 얼마나 잘 붙어 있는가에 달렸다. 승리는 우리의 공로가 아닌 전적으로 예수님께 달린 것이다. 육신이 아닌 우리 안의 새로운 피조물과 밀접한 관계가 있다.

바울은 갈라디아 교인에게 보내는 편지를 마므리하며 십자가와 연결된 삶의 열매를 이렇게 정리한다. "무릇 이 구례를 행하는 자에게와 하나님의 이스라엘에게 평강과 긍휼이 있을지어다"(갈 6:16). 어째서 현대인에게는 평강이 없는가? 십자가의 완전한 능력 아래 거하지 않기 때문이다.

바울은 우리가 십자가의 기준대로 걸어가면, 다시 말해 우리의 생각과 행동을 십자가에 맞추면 평강과 긍휼과 같은 하나님이 주시는 유익을 경험할 수 있다고 말한다. 그러나 종교 활동으로 만족하며 그러한 것으로 하나님의 환심을 사려고 할 때, 우리는 그리스도와 분리되어 은혜에서 떨어진다.

은혜에서 떨어지는 것은 매우 충격적인 일이다. 은혜는 '형통과 평강의 삶을 살기 위해 필요한 모든 것의 공급'을 의미한다. 그리스도에게서 끊어지거나 떨어진다는 말을 전기에 빗대어 생각해 보자. 전기는 집안의 모든 가전제품을 작동하게 하는 동력이다. 조명, 난방, 냉방, 컴퓨터, 텔레비전은 전기가 있어야 작동한다. 전기가 끊어지면 가전제품과 조명을 작동하는 데 필요한 동력이 차단된다.

    그리스도와 분리되어 은혜에서 떨어진다는 말은 하나님이 우리 안에서 우리를 통해 하기 원하시는 일이 중단되었다는 의미다. 이때는 종교라는 이름 아래 각종 도구가 있지만, 예수님의 능력에서 연결이 끊기고 플러그가 뽑힌 상태다. 그러면 소망이 사라지고 평안이 없으며 용기가 약해지고 믿음이 흔들린다.

    십자가의 원리대로 움직이는 사람들은 모든 이해를 뛰어넘는 평안을 경험한다. 성령이 우리가 하는 모든 일에 개입하시면 우리의 생각과 삶, 사랑하는 방법이 변한다. 십자가의 성취로 우리 각 사람에게 임한 성령이라는 짜릿한 전기는 우리에게 힘을 준다. 하나님이 우리 안에서 일하시는 것이다.

    종교가 예수 그리스도와 우리의 관계를 방해하지 않도록 주의하라. 십자가 목걸이를 벗고 자기 십자가를 지라. 우리는 새로운 피조물이라는 참된 정체성에 맞게 살기 위해 그리스도와 함께 십자가에 못 박혔다.

앞으로 가야 할 길

앞으로 십자가의 인성, 목적, 능력이라는 주제를 새롭고 깊이 있게 다룰 예정이다. 먼저 예수 그리스도의 인성과 관련하여 무엇 때문에 예수님이 특별한 분이신지, 예언과 예표를 통해 예수님이 어떻게 선포되셨는지, 그분의 수치, 죽음, 부활이 어떻게 그분을 주님으로 구별되게 했는지 알아볼 것이다.

다음은 십자가의 목적이다. 십자가에서 우리를 위해 무엇이 성취되었는지, 십자가가 어떻게 우리 삶의 중심이 될 수 있는지, 십자가가 우리에게 주는 권위에 대해 알아볼 것이다.

마지막으로 우리 일상에서의 십자가의 능력이다. 십자가가 우리에게 주는 안정과 구원 그리고 십자가를 지속적으로 기념할 때 얻게 될 능력을 알아볼 것이다.

하나님이 그분의 독생자와 그분의 십자가 죽음으로 이미 행하신 일과, 우리에게 주신 모든 것을 알기 위해 십자가를 공부하기로 한 당신의 선택에 응원의 박수를 보낸다.

1부

십자가의
인성

1장 특성

예수 그리스도는 역사상 유일무이한 분이시다. 이 유일한 나사렛 예수는 과거부터 현재까지 많은 책과 노래의 주제이자 헌신의 대상이 되셨다. 그분의 삶을 기점으로 인류 역사가 주전(BC)과 주후(AD)로 나뉠 정도로 그분의 존재는 대단하다. 시간은 예수 그리스도의 역사적 실존 안에서 정의될 때에만 의미가 있다.

예수님의 제자들이 했던 질문은 그 후 2천 년 동안 동일하게 제기되었다. 바다를 잔잔하게 만드신 예수님의 기적을 목격한 제자들은 서로를 보며 "이이가 어떠한 사람이기에 바람과 바다도 순종하는가"(마 8:27)라고 질문했다. 예수님이 대체 누구인가 물은 것이다. 사복음서와 신약 나머지 부분에서 이 질문에 대한 답과 이것이 우리 삶에 어떠한 의미가 있는지 살펴보고, 그 후에 가장 중요한 주제인 예수님의 특성과 권위, 그분의 죽음과 부활을 살펴보도록 하겠다.

예수님의
독특한 정체성

예수님은 태어나기 전에 이미 존재했고(요 1:1, 14 참고), 어제나 오늘이나 동일한(히 13:8) 유일한 사람이라는 독특한 특성을 지니셨다. 여기에는 그분의 신성이 담겨 있다. 또한 예수님은 세상의 개념과는 완전히 다른 방식으로 출생한 유일한 사람이시다. 사람으로 태어나신 예수 그리스도는 하나님의 아들인 동시에 사람의 아들이다. 그분은 신이며 인간이시다. 신(神)-인(人) 즉 성육신한 하나님이시다.

신학자들은 그리스도의 신성을 표현하기 위해 그분을 "참 하나님 중의 참 하나님"이라고 했다. 많은 사람이 예수 그리스도를 훌륭한 위인, 감동적인 교사, 위대한 리더로는 존경하지만 그분의 신성은 거부한다.

그러나 이러한 태도는 이단적이다. 예수님을 존경한다고 말하면서 예수님이 종교 지도자들과 사람들, 제자들(요 8:23-24, 28-29, 10:30-37 참고)에게 스스로 영원한 하나님이라고 명확하게 말씀하신 사실을 부정할 수는 없기 때문이다.

예수님은 "나와 아버지는 하나이니라"(요 10:30)라는 말씀으로 자신과 하나님의 동일함을 명확하게 선포하셨다. 여기에서 하나(one)라는 말은 형태상 중성이다. 성자 예수님과 성부 하나님이 본질과 속성상 완벽한 하나로 연합했다는 의미다. 이는 성부 하나님과의 완전한 일치를 주장하는 말이다. 예수님이 스스로 하나님이라고 말하는 신성모독을 저질렀다며 사람들이 돌로 치려고 했던 것을 볼 때(33절), 예수님이 자신과 하나님이 동일하다고 하신 말씀의 의도를 사람들이 바로 알아차렸음을 짐작할 수 있다.

신성의 네 가지 증거

예수님의 신성에 대한 여러 근거 가운데 네 가지를 중점적으로 살펴보려고 한다. 먼저 예수님의 선재성(先在性, preexistence)이다. 그리스도가 탄생 전에 이미 존재하셨다는 말은 앞에서 했다. 선지자 미가는 그리스도의 선재성을 이렇게 설명한다. "베들레헴 에브라다야 너는 유다 족속 중에 작을지라도 이스라엘을 다스릴 자가 네게서 내게로 나올 것이라 그의 근본은 상고에, 영원에 있느니라"(미 5:2).

이 말씀은 여러 이유에서 매우 중요하다. 우선 예수의 출생지를 정확히 예언한다. 나도 베들레헴에 가보았는데 그리 크지 않은 곳이었다. 예수님 당시에는 훨씬 더 작고 보잘것없는 곳이었다. 따라서 베들레헴에서 메시아가 출생한다는 예언은 당시 독자들에게 지푸라기에서 바늘을 찾으라는 말처럼 들렸을 것이다. 베들레헴에서 태어난다는 메시아에 대한 선지자의 말을 보면 그분께는 시작이 없다. 그의 존재는 영원한 과거에 기원을 두고 있다.

마찬가지로 이사야 선지자는 예수 그리스도의 초림과 재림에 대해 예언하며 예수님을 "영존하시는 아버지"(사 9:6)라고 했다. 예수님은 영원의 아버지인 동시에 시간의 아버지 또는 시간의 창시자이시다. 예수님이 시간의 창시자라면 시간 전에 존재하시는 게 당연하다. 따라서 이 말씀은 예수의 선재성을 말하는 동시에 그 누구와도 다른 그리스도의 속성을 전한다.

선지자들만 예수님의 선재성을 언급한 게 아니다. 예수님이 직접 자신에 대해 하신 말씀을 들은 유대인들은 펄펄 뛰며 격분했다. 그들은 자신을 믿는 사람은 죽음을 보지 않으리라는 예수님 말씀에 그분이 귀신 들렸다고 비난했다(요 8:52). 그들은 예수님을 매도하며 이렇게 물었다. "너는 너를 누구라 하느냐"(53절). 매우 흥미로운 질문이다. 그러나 이에 대한 예수님의 대답은 그들이 기대한 내용이 아니었다. "너희 조상 아브라함은 나의 때 볼 것을 즐거워하다가 보고 기뻐하였느니라"(56절).

그러자 유대 지도자들은 이렇게 반문한다. "네가 아직 오십 세도 못 되었는데 아브라함을 보았느냐"(57절). 그 어느 누구에게도 들어 본 적 없는 예수님의 말씀에 유대인들의 분노는 커졌다. 그때 예수님이 결정적인 말씀을 하신다. "진실로 진실로 너희에게 이르노니 아브라함이 나기 전부터 내가 있느니라"(58절).

여기서 예수님이 사용하신 동사의 시제에 주목할 필요가 있다. 이는 매우 중요하다. 예수님은 "아브라함이 태어나기 전에 내가 있었다"(I was)가 아니라 "내가 있다"(I am)라고 하셨다. 하나님이 이스라엘을 애굽에서 구원하려고 모세를 보내실 때 자신의 이름을 "스스로 있는 자"(I AM)라고 하셨다는 점에서 이는 매우 의미심장한 발언이다.

"하나님이 모세에게 이르시되 나는 스스로 있는 자이니라 또 이르시되 너는 이스라엘 자손에게 이같이 이르기를 스스로 있는 자가 나를 너희에게 보내셨다 하라"(출 3:14). 이를 다른 말로 하면 야훼 즉 스스로 존재하는 하나님이다. 여기에는 하나님의 개인적이고 자족하시는 영원의 속성이 반영되었다. 영원한 하나님은 과거가 없으므로 "내가 있었다"라고 하실 수 없다. 미래도 없으므로 "내가 있을 것이다"라고도 하실 수 없다. 하나님은 영원한 현재에 존재하신다.

시간은 우리에게만 의미가 있다. 우리는 독립적으로 자족하거나 영원히 존재할 수 없다. 예수님이 아브라함보다 먼저 있었다고 하실 때 예수님은 선재성뿐만 아니라 신성까지 말씀하셨다.

예수님의 신성을 보여주는 두 번째 증거는 예수님이 자신을 하나님과 동등하게 여기신 것이다. 예수님은 하나님의 가장 개인적이고 거룩한 이름인 "내가 있느니라"(스스로 있는 자)를 말씀하며 자신을 하나님과 동등하게 여기셨다. 사람들이 그 의미를 제대로 이해했기 때문에 신성모독이라고 비난하며 예수님께 돌을 던지려 한 것이다(59절).

요한복음 5장 17-18절을 보면 예수님의 주장이 더욱 명확해진다. "예수께서 그들에게 이르시되 내 아버지께서 이제까지 일하시니 나도 일한다 하시매 유대인들이 이로 말미암아 더욱 예수를 죽이고자 하니 이는 안식일을 범할 뿐만 아니라 하나님을 자기의 친 아버지라 하여 자기를 하나님과 동등으로 삼으심이러라." 사람들은 예수님이 자신과 하나님이 본질적으로 같다고 하시며 자신을 하나님과 동등한 자리에 두는 것을 알아차렸다.

> 예수님은 하나님의 가장 개인적이고 거룩한 이름을
> 말씀하며 자신을 하나님과 동등하게 여기셨다.

　예수님과 하나님의 동등함을 말하는 구절이 성경 곳곳에 있다. 창세기 1장 1절은 하나님이 천지를 창조하셨음을 말한다. 골로새서 1장 16절은 만물이 예수 그리스도에 의해 창조되었다고 한다. 이 말씀들에 따르면 창조주가 두 명이거나, 창세기 1장의 하나님이 골로새서 1장의 하나님이다.

　사도 요한은 "태초에 말씀이 계시니라 이 말씀이 하나님과 함께 계셨으니 이 말씀은 곧 하나님이시니라"(요 1:1)라는 선포로 복음서를 시작하며 예수님과 동일한 주장을 한다. 말씀은 하나님과 구별된 동시에 하나님과 동일하다.

　요한은 말씀의 정체성을 자세히 설명한다. "말씀이 육신이 되어 우리 가운데 거하시매 우리가 그의 영광을 보니 아버지의 독생자의 영광이요 은혜와 진리가 충만하더라"(요 1:14). 이어서 이렇게 덧붙인다. "본래 하나님을 본 사람이 없으되 아버지 품속에 있는 독생하신 하나님이 나타내셨느니라"(18절).

　세 구절을 조합하면 예수 그리스도에 대한 그림이 그려진다. 예수님은 하나님과 구별되지만 하나님과 동일하다. 예수님은 인간이 볼 수 있도록 보이지 않는 하나님이 사람의 몸을 입으신 결과다. 히브리서 기자는 예수님을 "하나님의 영광의 광채"이자 "그 본체의 형상"이며 "그의 능력의 말씀으로 만물을 붙드시는 분"(히 1:3 참고)이라고 했다.

예수님을 위대한 인물이나 하나님의 아들이라고만 하는 사람들의 말을 듣지 마라. 그분은 하나님이며 아들이시다. 히브리서 1장 8절은 더욱 충격적이다. 여기서 화자는 하나님이시다. "아들에 관하여는 하나님이여 주의 보좌는 영영하며 주의 나라의 규는 공평한 규이니이다." 성부 하나님이 자신의 아들을 "하나님"이라고 부르신다. 이보다 더 확실하고 실제적인 증거는 없다. 바울은 예수님 안에는 "신성의 모든 충만이 육체로 거하시고"(골 2:9)라고 했다.

> 히브리서 1장 8절은 성부 하나님이 자신의 아들을
> "하나님"이라고 부르신다. 이보다 확실한 증거는 없다.

이것은 아무에게나 할 수 있는 말이 아니다. 예수님은 하나님과 자신의 동등함을 말씀하시고 성경의 저자들 역시 지속적으로 그 주장을 뒷받침한다.

예수님의 신성에 대한 세 번째 증거는 예수님이 제자들을 비롯한 사람들의 경배를 스스럼없이 수용하셨다는 점이다. 연약한 인간이 그렇게 했다면 당연히 신성모독이다. 그러나 예수님의 제자들은 그분을 하나님으로 인정했고 예수님의 부활과 승천 이후 그분이 하나님이라는 사실을 알리는 데 주저하지 않았다.

예수님에 대한 경배의 예로 부활 후 예수님이 제자들에게 나타나신 요한복음 20장의 기록을 들 수 있다. 예수님이 오셨을 때 그 자리에 없었던 도마는 두 눈으로 직접 보지 않고는 믿지 못하겠다고 했다

(25절). 예수님은 제자들이 있는 자리에서 도마에게 손을 내밀어 옆구리에 넣어 보라고 하셨다(27절). 그러자 도마는 "나의 주님이시요 나의 하나님이시니이다"(28절)라고 했다.

예수님은 도마의 찬미를 받으셨을 뿐만 아니라 자신을 믿는 사람들이 복되다고 하셨다(29절). "나의 주님이시요 나의 하나님"이라고 한 도마의 말에 예수님은 "그렇다, 내가 그다"라고 하셨다. 이는 신성을 가진 분이라야만 가능한 일이다. 복음서 전체에서 예수님을 향한 경배를 확인할 수 있다. 예수님이 사역 초반에 바람을 잠재우시자 제자들은 예수님께 절하며 경배했다(마 14:33). 예수님이 꾸짖어 잠잠하게 하신 귀신들도 그분의 신성을 인정했다(막 1:23-25). 사탄의 유혹에 대해 예수님은 이렇게 대답하셨다. "사탄아 물러가라 기록되었으되 주 너의 하나님께 경배하고 다만 그를 섬기라 하였느니라"(마 4:10).

오직 하나님께만 경배하라고 하신 예수님이 그 경배를 받으셨다. 예수님처럼 말씀할 수 있는 분은 오직 하나님뿐이시다.

예수님의 신성에 대한 네 번째 증거는 예수님이 삼위일체 가운데 한 위격이라는 사실이다. 디도서 2장 13절은 예수 그리스도를 "우리의 크신 하나님 구주 예수 그리스도"라고 말한다. 성경은 예수 그리스도를 하나님의 아들이자 온전한 하나님이라고 가르친다. 성경은 성부 하나님을 하나님이라고 가르친다. 초대교회는 예수님이 어떻게 하나님인 동시에 성부와 성자로 구별되실 수 있는지를 두고 끊임없이 논쟁했다.

우리 교회의 한 아이가 나에게 이렇게 물었다. "목사님, 예수님이 하나님이시면 십자가에서 '나의 하나님 나의 하나님 어찌하여 나를 버리시나이까?'라고 하신 것은 누구에게 하신 말씀이에요? 혼잣말을 하신 건가요?"

이는 매우 통찰력 있는 질문이다. 예수님은 십자가에서 자신이 아닌 성부 하나님께 말씀하셨다. 이 사실에 대한 명확한 근거는 하나님이 세 위격이며 성부, 성자, 성령이 동일한 신성과 동등한 자격을 가지신다는 성경의 가르침에 있다. 이 근본 진리에 해당하는 용어가 바로 '삼위일체'다.

따라서 우리가 말하는 하나님은 삼위일체 하나님이거나 삼위일체의 세 위격 가운데 한 분이시다. 예수님을 삼위일체의 한 위격으로 제시한다는 점에서 성경은 예수님의 신성을 가르친다. 예수님이 자신을 "하나님의 아들"(요 10:36)이라고 하실 때 예수님은 자신을 성부 하나님과 구별하셨다. 그러나 앞에서 "나와 아버지는 하나이니라"(30절)라고 하셨다.

삼위일체의 연합과 구별은 예수님이 제자들에게 위임하실 때에도 명확히 드러났다. 예수님은 "아버지와 아들과 성령의 이름(name)으로"(마 28:19) 사람들에게 세례를 베풀라고 하셨다. 세 종류의 이름을 언급하셨으므로 문법적으로는 이름들(names)로 적어야 맞다. 그런데 예수님은 이름(name)이라는 단수형을 사용하셨다. 이는 예수님이 실수하셨거나 하나님의 세 위격이 하나이므로 일부러 단수형으로 사용하셨다고밖에 말할 수 없다.

후자의 결론이 정확하다는 점에 대해서는 추호의 의심도 없다. 하나님의 이름은 단수형이다. 삼위일체 하나님은 하나님 한 분이시기 때문이다. 성경 역시 동일하게 설명한다. 바울은 편지를 마무리하며 이렇게 축도했다. "주 예수 그리스도의 은혜와 하나님의 사랑과 성령의 교통하심이 너희 무리와 함께 있을지어다"(고후 13:13). 바울이 삼위일체 하나님을 하나로 통합한 이유는 세 분이 하나이시기 때문이다.

사실 삼위일체가 받아들이기 쉬운 개념은 아니다. 세상에서 흔히 볼 수 있는 일이 아니기 때문이다. 성경이 아니었다면 그 존재를 전혀 몰랐을 것이다. 동일한 본질을 간직하면서도 독특한 개성을 지닌 동일한 세 명이 하나로 존재한다는 하나의 하나님은 인간의 이해를 뛰어넘는 개념이다. 삼위일체를 설명하려는 무수한 시도가 있었지만 그 독특함을 담기에는 턱없이 부족하다.

누군가는 물과 얼음과 수증기로 삼위일체를 설명한다. 본질은 동일하지만 다른 형태로 구별된다는 점에서는 비슷하다. 그러나 이 개념을 하나님께 적용하면 하나님이 때로는 성부, 때로는 성자, 때로는 성령이 된다는 말이다. 이것은 이단이다. 하나님은 삼위일체의 각 지체로 언제나 온전히 존재하신다.

또한 자주 사용하는 설명은 달걀이다. 달걀은 껍데기, 노른자, 흰자로 이루어져 있다. 문제는 달걀의 세 부분을 따로 떼어놓으면 달걀로 보기 어렵다는 것이다. 각각은 달걀의 일부이다. 신성의 충만함은 하나님의 각 위격에 동일하게 존재한다. 예수 그리스도는 하나님의 일부가 아니시다. 예수님은 온전한 하나님이며 성부 하나님과 성령 하나님도 마찬가지시다.

삼위일체에 대한 적절한 설명은 프레즐에서 찾을 수 있다. 일반적으로 프레즐 반죽은 구멍이 세 개다. 각 원은 다른 원과 구별되며 각 원이 그 자체로 완전하다. 세 원은 동일한 반죽으로 만들어졌으므로 서로 연결되어 있다. 성질도 동일하다. 게다가 세 개가 아니라 하나다. 물론 완벽한 설명은 아니지만 이 설명이 본질에 가깝다고 생각한다. 삼위일체 교리는 예수 그리스도의 완전한 신성을 확증한다. 예수님은 하나님이시다.

사람 하나님

그러나 예수님은 사람이시다. 하나님의 아들이므로 당연히 신성을 갖고 계시지만 '사람의 아들'이기 때문에 인성도 있다. 사람의 아들이라는 의미의 '인자'는 예수님이 즐겨 사용하신 경칭이다.

예수님은 인간의 육신을 입으려고 하늘을 떠나셨다. 이를 우리는 '성육신'이라고 부른다. 예수님이 태어나기 수백 년 전 성경의 예언처럼 예수님은 살과 피가 되셨다. 이사야서에 기록된 두 건의 예언과 신약에 기록된 그 예언의 성취를 통해 예수님의 인성을 확인할 수 있다. 예수님은 완전한 사람이지만 매우 중요한 특성을 지닌 분이시다.

예수님의 인성에서 가장 중요한 특성은 그분이 처녀에게서 태어나셨다는 점이다. 이사야 7장 14절에서 이사야는 이렇게 예언했다. "그러므로 주께서 친히 징조를 너희에게 주실 것이라 보라 처녀가 잉태하여 아들을 낳을 것이요 그의 이름을 임마누엘이라 하리라." 그리고 "이는 한 아기가 우리에게 났고 한 아들을 우리에게 주신 바 되었는데"(사 9:6)라는 두 번째 예언이 나온다.

성령이 얼마나 신중하게 단어를 선택하시는지 주목하라. 아들이 태어난 것이 아니라 '주신 바' 되었다. 왜 그런가? 사실 예수님은 하나님의 아들로서 이미 존재하는 분이시다. 그러나 예수님의 베들레헴 출생을 보면 한 아이가 태어났다고 했다. 성부 하나님은 인간의 출생 과정 가운데 초자연적인 잉태라는 방법으로 성자 하나님을 우리에게 주셨다. 바울도 이사야의 예언을 언급한다. "때가 차매 하나님이 그 아들을 보내사 여자에게서 나게 하시고 율법 아래에 나게 하신 것은"(갈 4:4).

하나님이 아들을 주셨기 때문에(사 9:6) 아들을 보내셨다는 말이 성립된다. 여자에게서 태어나야 하기 때문에 예수님은 여자에게서 태어나셨다. 이것이 예수 그리스도의 성육신이다. 예수님의 탄생 이야기는 육신을 입은 하나님이시라는 그분의 특성을 확증한다. 마태는 예수님의 탄생 사건을 두고 "이 모든 일이 된 것은 주께서 선지자로 하신 말씀을 이루려 하심이니"(마 1:22)라고 했다. 바로 앞 구절에 예수님이 태어나신 이유가 나온다. "아들을 낳으리니 이름을 예수라 하라 이는 그가 자기 백성을 그들의 죄에서 구원할 자이심이라 하니라"(마 1:21).

근본적으로 예수님은 죽기 위해 태어나신 분이다. 마리아는 그 사실을 알았다. 요셉도 알고 있었다. 자신들을 창조한, 구유에 누인 아이를 경배하기 위해 왔던 박사들도 알고 있었다. 그렇기 때문에 황금과 유향과 몰약을 선물로 가져왔다. 몰약은 죽은 사람을 매장할 때 향수로 쓰는 값비싼 물건이다(요 19:39 참고). 박사들이 예수님에게 시신용 향수를 가져왔듯 마리아는 갓 태어난 아이를 강보로 쌌다. 강보로 싸면 갓난아기가 팔을 쭉 펼 수 있다. 그러나 강보는 시신을 감싸는 붕대와 그리 다르지 않다. 마태는 강보와 몰약이 지닌 의미를 놓치지 않고 이 아기가 세상 죄를 사하러 왔다는 사실을 전한다.

마태는 예수님의 인성이라는 독특한 속성에 대해 이보다 앞서 말한 바 있다. 예수님의 계보를 마무리하며 "야곱은 마리아의 남편 요셉을 낳았으니 마리아에게서 그리스도라 칭하는 예수가 나시니라"(마 1:16)라고 했다. 여기서 '마리아에게서'(영어로는 by whom)라는 구절이 중요한데, 여성형 단수 관계대명사가 쓰였다. 성경은 예수님이 요셉이 아닌 마리아에게서 잉태되었다는 매우 중요한 말씀을 한다.

이는 예수님의 동정녀 탄생에 대한 매우 중요한 언급이다. 예수님의 계보에서 요셉이 다윗의 자손이라는 사실은 중요하다. 요셉이 생부는 아닐지라도 법적 아버지이므로, 예수님도 다윗의 계보에 속하신다. 예수님이 요셉이 아니라 성령으로 잉태된 것은(눅 1:35) 그분의 인성에 어떠한 흠이나 죄도 없게 하기 위해서다. 그래야만 태초부터 하나님의 아들이라 불리실 수 있다.

예수님의 인성에는 성령의 능력을 통한 하늘의 근원과 마리아를 통한 지상의 근원이 공존한다. 죄가 없고 처녀에게 잉태된 예수님은 본질적으로 우리와 다르기 때문에 일부 사람들은 예수님의 인성을 부정하며 그분이 사람처럼 보이셨을 뿐이라고 주장했다. 그러나 이러한 시각은 예수님의 삶과 그분이 우리의 죄를 대신하여 죽으셨다는 사실을 부인하는 또 다른 이단 행위다.

다시 한 번 말하지만 예수님은 온전한 사람이셨다. 사복음서는 이 사실을 반복하여 말한다. 예수님은 만물을 지은 하나님이며 지치지도 않고 주무시지도 않는 하나님이다. 그러나 인성을 지녔으므로 지치고 목마르셨다(요 4:6-7). 감정이 있기 때문에 나사로의 무덤에서 눈물을 흘리셨다(요 11:35). 또한 사람들을 보고 불쌍히 여기셨다(마 9:36). 그분은 우리를 영원한 사랑으로 끝까지 사랑하셨다. 우리와 마찬가지로 예수님은 사람의 영과 혼을 갖고 계셨다(마 26:38; 눅 23:46).

예수님이 사람이라면 당연히 죄를 지으셨을 거라고 그분의 인성에 문제를 제기하는 사람들이 있지만, 예수님은 성령의 개입으로 탄생하셨으므로 그렇지 않다. 성령으로 잉태하심으로써 아버지 요셉의 죄성을 뛰어넘으셨다. 성경에 대해서도 비슷한 반론이 제기된다. 성경의 저자가 사람이라면 오류가 있을 것이라는 주장이다. 그러나 여기에도 한 가지 중요한 사실이 있다. 성경의 기록은 오류를 피하기 위해 성령의 주도로 이루어졌다는 것이다(벧후 1:21).

> 예수님은 온전한 사람이셨다. 지치고 목마르셨다.
> 감정이 있기 때문에 나사로의 무덤에서 눈물을 흘리셨다.

글로 된 하나님의 말씀을 담당하신 성령은 성육신한 하나님의 말씀 즉 예수 그리스도도 담당하셨다. 글로 된 말씀과 성육신한 말씀의 탄생을 모두 담당함으로 인간에게 있는 죄성을 미연에 막으셨다. 바울은 "하나님이 '죄를 알지도 못하신' 이(예수님)를 '우리를 대신하여 죄로 삼으신 것은' 우리로 하여금 그 안에서 하나님의 의가 되게 하려 하심이라"(고후 5:21)라고 했다.

예수님이 죄성을 지닌 사람이셨다면 그분의 죽음은 우리를 구원하는 데 아무런 도움이 되지 않았을 것이다. 히브리서 4장 15절은 예수님이 우리의 대제사장으로서 하늘에서 하시는 사역은 그분의 죄 없음에 기초한다고 말한다. 예수님이 우리처럼 죄를 짓는 연약한 분이라면 연약한 우리를 도우실 수 없다.

예수님의 신성과 인성

신학자들은 예수님의 두 가지 본성을 '위격적 연합'이라고 부른다. 온전한 신성과 완전한 인성이 예수님 안에 섞이지 않은 채로 영원히 있다는 말이다. 다시 말해 예수님은 완전한 사람일 때에도 하나님이므로 전혀 부족함이 없으시다. 그분은 온전한 사람이지만 죄가 없으시다. 예수님이 두 사람이 아니라 한 사람임을 아는 것이 중요하다. 그분은 때로 하나님이었다가 때로 사람이 되는 것이 아니라 신-인이시다. 예수님이 완전한 사람이자 완전한 신이시라는 점이 그분의 특성이다. 예수님 외에는 그 누구도 육신을 입은 하나님, 즉 사람이 될 수 없다.

이 모든 내용을 담은 구절이 빌립보서 2장 5-11절이다. 이후에 이 중요한 말씀을 살펴보도록 하자. 마지막으로 예수님이 인간의 몸을 입고 하신 일에 우리가 삶으로 어떻게 반응해야 하는지 말씀으로 살펴보며, 연합의 중요성을 강조하려 한다. 3-4절에서 사도 바울은 신자들에게 교만하지 말고 겸손한 마음으로 자신의 유익보다 사람들의 유익을 돌아보라고 권고한다. 예수님이 지상에서 보여주신 삶의 방식이다.

"너희 안에 이 마음을 품으라 곧 그리스도 예수의 마음이니 그는 근본 하나님의 본체시나 하나님과 동등됨을 취할 것으로 여기지 아니하시고"(5-6절).

이는 예수님의 신성에 대한 놀라운 말씀이다. 그분은 베들레헴에서 탄생하기 전에 이미 하나님으로 계셨다. 신성을 가진 성부 하나님과 동일한 분이셨다. 이 말씀은 예수님의 신성을 간단명료하게 정리했다.

이어서 예수님의 인성에 대한 말씀이 나온다.

"오히려 자기를 비워 종의 형체를 가지사 사람들과 같이 되셨고"(7절).

이 말씀은 예수님이 신성을 버리셨다는 의미가 아니다. 예수 그리스도가 하나님이기를 그만두시는 일은 불가능하다. 이 말씀은 예수님이 스스로 무엇을 비우셨는가에 대한 내용이 아니라 자신을 비워 무엇이 되셨는가에 대한 내용이다. 마치 항아리에 담긴 물을 다른 항아리에 붓는 것과 비슷하다. 예수님은 자신의 모든 신성을 취합하여 "종의 형상"이라는 다른 그릇에 담으셨다.

자신의 본질을 버리고 중단한 것이 아니라 본질의 형태를 바꾸셨다. 세상에 올 때 본래부터 있던 영광스러운 형태를 취하여 자신의 온전한 신성을 사람이라는 형태에 부으셨다. 사람이 되는 것만으로도 하나님의 아들로서는 충분히 낮아진 것인데 예수님은 일반적인 종도 아닌, 당시 사회에서 가장 낮은 계급인 노예가 되셨다.

참 하나님인 그분이 "노예 가운데 노예"가 되셨다. 예수님 당시의 사람들이 그분의 출생을 간과할 수밖에 없었던 이유가 여기에 있다. 그들은 종이 아닌 왕을 기다렸다. 그들은 가장 낮고 천한 부모와 마구간이 아니라 부유한 부모와 궁전에서 태어날 왕을 고대했다.

예수님이 낮고 천한 종으로 오신 것은 우리에게 반가운 소식이다. 이는 예수님이 동일하게 여기시지 못할 사람이 없다는 의미이기 때문이다. 우리가 사회적으로 높은 위치에 있지 않아도 예수님은 우리를 이해하신다. 본인이 그 자리에 계셨기 때문이다. 우리가 사회적으로 아무리 높아도 예수님보다 높을 수 없다. 예수님은 하나님의 아들이시다.

> 예수님이 낮고 천한 종으로 오신 것은 예수님이
> 동일하게 여기시지 못할 사람이 없다는 의미이다.

예수님은 육신을 입고 "사람들과 같이 되셨다"(빌 2:7). 그분은 평범한 사람을 뛰어넘는 분이셨지만 그분을 본 사람들은 예수님을 평범한 사람으로 여겼다. 머리 뒤에 후광이 있지도 않았고 겉보기에는 그저 평범한 사람이셨기 때문이다.

누가복음 2장 52절을 통해 예수님은 육체적으로, 영적으로, 심리적으로, 사회적으로 평범하게 성장했음을 알 수 있다. 이사야는 예수님의 외모가 "고운 모양도 없고 풍채도 없어서"(사 53:2) 결코 사람들이 멈춰서 돌아볼 정도의 모습이 아니라고 했다. 예수님은 초라하게 태어나셨을 뿐만 아니라 "사람의 모양으로 나타나사 자기를 낮추시고 죽기까지 복종하셨으니 곧 십자가에 죽으"(빌 2:8)셨다.

우리의 죄를 위해 희생을 택하신 예수님은 로마인들이 가할 수 있는 가장 고통스럽고 수치스러운 형태의 죽음을 겸허히 수용하셨다. 예수님의 십자가에서 우리는 자신을 비우셨다는 말씀의 의미를 어렴풋이 짐작할 수 있다. 예수님은 신의 속성을 사용할 권리를 잠시 유보하고 하늘 아버지의 뜻에 자신을 온전히 맡기기로 선택하셨다. 이 사실을 어떻게 알 수 있는가? 바로 베드로가 대제사장의 종을 쳤을 때 예수님이 하신 말씀을 보면 된다. 예수님은 자신이 원하기만 하면 아버지께 구하여 열두 군단보다 더 많은 천사를 보내실 수도 있다고 하셨다(마 26:53). 그러나 죄를 위한 희생을 치르기 위해 고통을 겪으며 죽어야 한다는 사실을 알았기 때문에 그렇게 하지 않으셨다. 신성을 사용하여 사탄을 척결하는 대신 스스로 죽음에 굴복하셨다.

물론 빌립보서 2장은 8절에서 끝나지 않는다. 예수님이 죽음에 순종하신 결과는 다음과 같다.

"하나님이 그를 지극히 높여 모든 이름 위에 뛰어난 이름을 주사 하늘에 있는 자들과 땅에 있는 자들과 땅 아래에 있는 자들로 모든 무릎을 예수의 이름에 꿇게 하시고 모든 입으로 예수 그리스도를 주라 시인하여 하나님 아버지께 영광을 돌리게 하셨느니라"(9-11절).

예수 그리스도가 명하신 영광은 당연한 영광이다. 그분은 모든 사람이 그분 앞에 언젠가 무릎을 꿇을 만유의 왕이자 유일하신 신-인이다. 그분이 어떤 분이신지 진정으로 알고 깨달을 때, 우리는 십자가에서 그분이 우리를 위해 성취하신 모든 일을 제대로 알 수 있다. 십자가는 역사의 한 순간에 일어난 사건 정도가 아니다. 성경의 예언을 보면 십자가 사건은 그리스도가 태어나시기 훨씬 전부터 예정된 일이었다. 이제 예수 그리스도에 대한 구약의 예언과 예표를 알아보자.

2장

예표

예수 그리스도는 하나님이 세상에서 이루신 모든 일의 핵심이시다. 따라서 성경의 예언에서 예수님이 특별한 자리를 차지하신다고 예측할 수 있다. 이것은 사실이다. 성경의 예언은 그리스도가 처음에는 죄의 구원자로 오고 다음에는 왕으로 와서 다스리신다고 말한다. 예언은 구약과 신약 모두에서 발견할 수 있다.

예수 그리스도에 대한 예언의 핵심은 그분이 구약에 예언된 메시아이며 이스라엘과 온 세계를 다스리기로 예언된 왕이시라는 것이다. 투옥된 세례 요한은 제자들을 예수님께 보내 다음과 같은 중요한 예언적 질문을 한다. "오실 그이가 당신이오니이까 우리가 다른 이를 기다리오리이까"(눅 7:19).

요한은 예수님께 예언의 그 메시아이신지 물었다. 예수님이 메시아가 아니시라면 요한과 그의 제자들은 다른 일을 하거나 하나님의 구원을 다른 데서 찾아야 했다. 이처럼 예수 그리스도가 어떤 분이신지를 이해하는 데 있어 예언은 필수적이다.

여기서 예수님에 대한 성경의 모든 예언을 살펴보지는 않을 것이다. 모든 예언을 살펴본다면 책 한 권 분량은 족히 될 것이다. 나는 예수님이 성경 예언의 핵심이며 그렇기 때문에 그분의 십자가 죽음과 그로 인한 성취가 매우 중요하다는 사실에 초점을 두려고 한다.

그리스도는 부활하신 날 저녁 엠마오로 가는 두 제자와 동행하며 자신에 대한 예언을 직접 가르치신다(눅 24:13-27). 그날 밤에는 열한 제자를 포함한 제자들에게 모습을 보이시며 자신에 대한 사실들을 가르치셨다.

온 도시가 "유대인의 왕"으로 불렸던, 스스로 하나님의 아들이라 주장하다가 며칠 전 십자가에 달려 죽은 예수라는 인물 때문에 대혼란에 빠졌다. 예수가 다시 살아났다는 소식이 전해진 것이다. 그가 묻혔던 무덤이 텅 비었다. 예루살렘 어디를 가나 온통 예수에 대한 이야기뿐이었다. 엠마오로 가던 제자들이 그 믿기 힘든 사건을 화제로 삼은 것은 당연한 일이었다.

그들이 대화할 때 예수님이 가까이서 그들과 동행하셨지만 그들은 눈이 가리워져 그분을 알아보지 못했다(눅 24:15-16). 예수님은 그들에게 "너희가 길 가면서 서로 주고받고 하는 이야기가 무엇이냐"(17절)라고 질문하셨다.

전체 상황 파악

글로바(18절)와 다른 제자는 토론 중이었던 게 분명하다. "주고받고"라는 말은 열띤 논쟁을 의미한다. 그들은 이 낯선 사람이 예루살렘에서 일어난 일을 모른다는 사실에 놀라며 이렇게 말했다. "나사렛 예수의 일이니 그는 하나님과 모든 백성 앞에서 말과 일에 능하신 선지자이거늘 우리 대제사장들과 관리들이 사형 판결에 넘겨주어 십자가에 못 박았느니라 우리는 이 사람이 이스라엘을 속량할 자라고 바랐노라"(19-21절). 그들은 어떤 여자들이 이른 아침 무덤에 갔다가 무덤이 빈 것을 발견했으며, 제자들이 그 사실을 확인했다는 이야기를 예수님께 전한다(21-24절).

그들의 말에 담긴 실망이 느껴지는가?(21절) 그들은 예수님의 부활 소식을 사실이라고 생각하지 않았다. 믿음이 부족했기 때문에 메시아에 대한 예언을 잊어버리고 오해했다.

예수님은 그런 그들에게 차근차근 설명하신다. "미련하고 선지자들이 말한 모든 것을 마음에 더디 믿는 자들이여 그리스도가 이런 고난을 받고 자기의 영광에 들어가야 할 것이 아니냐 하시고 이에 모세와 모든 선지자의 글로 시작하여 모든 성경에 쓴 바 자기에 관한 것을 자세히 설명하시니라"(25-27절).

두 제자는 상황이 기대한 바대로 흘러가지 않자 하나님이 예언하신 계획이 수포로 돌아갔다고 생각하며 혼란과 낙심에 빠졌다. 그러자 예수님은 전체 상황을 직접 해명하신다. 그들에게 자신의 탄생과 사역에 대한 구약의 예언을 사용하여 일일이 설명해주셨다.

예수님은 그들과 함께 걸으시며 자신이 누구인지, 어떤 일이 일어났는지, 얼마 전에 일어난 사건을 어떻게 받아들여야 하는지를 말씀으로 설명하셨다. 자신에 대한 성경의 예언으로 제자들을 가르치셨다. 그들에게 정확히 어떤 말씀을 하셨는지는 모르지만 예수님이 자신에 대해 가르치셨다는 것은 확실하다. 예언의 핵심 주제는 예수님이다.

요한계시록 19장 10절은 "예수의 증언은 예언의 영"이라고 말한다. 예언을 공부하는 일은 우주선을 타고 지구 궤도를 도는 것과 같다. 멀리서 보기 때문에 모든 상황을 명확하고 전체적으로 파악할 수 있다. 예언은 오랜 세월 동안 먼 거리에서 상황을 보게 한다. 동방박사들이 좋은 예다. 그들은 멀리서 예수님의 별을 보고 따라간 끝에 예수님을 만났다.

예언적인 하나님의 말씀이 우리의 현실이 되려면 그 예언을 수용하려는 의지가 필요하다. 하나님이 하신 말씀을 기꺼이 추구하겠다는 마음가짐이 필요하다. 말씀을 추구하는 행동 자체가 하나님의 말씀이 사실이라는 믿음의 실천이다. 엠마오로 가던 두 제자에게는 가장 위대한 책으로 가장 위대한 분을 직접 가르쳐주신 위대한 교사가 있었다. 그러나 고작 둘뿐인 회중이었던 그들은 쉽게 믿지 못했고 결국 예수님은 이렇게 말씀하셨다. "어찌하여 두려워하며 어찌하여 마음에 의심이 일어나느냐"(눅 24:38).

예언의 말씀을 깨닫고 싶다면 머리뿐만 아니라 마음까지 하나님께 전부 내놓아야 한다.

예언의 내용

두 제자는 방금 만난 예수님이 더 이상 보이지 않자 서둘러 예루살렘으로 돌아갔다. 그들이 사도들과 제자들에게 예수님을 만난 이야기를 할 때, 예수님이 그곳에 오셔서 그들과 대화하신다(눅 24:28-43). 마치 보충 수업 시간처럼 말이다. 예수님은 자신의 삶과 죽음에 대한 예언을 설명하며 먼저 이 말씀을 하셨다. "모세의 율법과 선지자의 글과 시편에 나를 가리켜 기록된 모든 것이 이루어져야 하리라"(44절).

구약 전체가 자신에 대한 예언이라는 말씀과 함께 그 예언들을 설명하며 이렇게 덧붙이신다. "이같이 그리스도가 고난을 받고 제삼일에 죽은 자 가운데서 살아날 것과 또 그의 이름으로 죄 사함을 받게 하는 회개가 예루살렘에서 시작하여 모든 족속에게 전파될 것이 기록되었으니"(46-47절).

예언의 핵심이자 요점은 죄 사함을 위한 메시아 그리스도의 죽음과 부활이다. 구약 전체를 요약하면 오실 메시아에 대한 기대다. 하나님이 사탄에게 여자의 후손이 네 머리를 상하게 할 것이라고 하신 (창 3:15) 인류 초기에 이미 메시아에 대한 예언이 주어졌다. 야곱은 그 후손이 유다 족속에서 나온다고 했으며(창 49:10), 하나님은 다윗에게 그의 왕위가 영원히 견고하리라고 하셨다(삼하 7:16). 다윗에게서 장차 세상을 다스리고 통치할 위대한 아들 메시아가 나올 것이기 때문이었다. 이처럼 메시아에 대한 구약의 예언들은 매우 구체적이다.

그리스도의 탄생에 대한 예언

이번에는 신약의 도입부로 건너뛰어 예수 그리스도의 계보를 살펴보자(마 1:1-17). 사람들은 보통 이 부분을 대충 읽고 아기 예수의 탄생 이야기로 넘어간다. 이것은 중요한 내용을 놓치는 큰 실수다. 마태복음의 계보와 누가복음 3장 23-38절의 계보는 예수님에 대한 예언에 있어서 중요하다. 두 계보는 예수님이 메시아이며 다윗의 계보를 잇는 통치자이자 왕이라는 사실을 확증한다. 예수님은 법적으로나 생물학적으로 다윗의 자손이시다.

사복음서의 계보는 예언의 초점이자 정점이 예수님이라는 사실에 대한 놀라운 증언이다. 이 기록이 특히 중요한 이유는 예수님 이후의 유대인들 때문이다. 주후 70년에 로마군이 예루살렘을 점령하고 모든 기록이 보관된 성전을 불태우면서 이스라엘의 계보를 담은 기록이 모두 유실되었다.

예수님이 메시아이며 다윗의 혈통을 따르는 적법한 통치자라고 주장하시려면 다윗의 대까지 계보가 이어져야 했다(삼하 7:12-16). 다윗의 왕위는 영원히 보전된다고 기록되었다(16절). 비록 기록이 소멸되었지만 하나님은 예수님의 계보를 마태복음 1장과 누가복음 3장에 기록하셨다.

누가복음의 계보를 알아보기 전에 살펴보아야 할 문제가 마태복음 1장 11절에 나온다. 여기서 언급한 여고냐라는 인물에 주목하자. 예수님이 메시아라는 명칭에 합당한 자격을 얻으시려면 다윗의 혈통이라는 사실을 입증해야 한다. 하나님은 믿음 없는 다윗의 후손 여고냐에게 저주를 내리셨다(렘 22:28-30, 고니야는 여고냐의 히브리어 이름이다.) 바로 그의 자손 가운데 다윗의 왕위에 앉을 사람이 없다는 것이다. 그런데 요셉은 여고냐의 후손이다. 예수님이 요셉의 친자였다면 이 저주 때문에 다윗의 왕위에 앉으실 수 없었다.

그러나 예수님은 요셉이 아닌 성령으로 잉태되셨다(마 1:20). 요셉은 예수님의 법적 아버지이지만 생부는 아니다. 마태복음 1장 16절은 예수님의 탄생을 가리킬 때 여성대명사를 사용했다. 예수님은 여고냐의 저주를 피했기 때문에 왕위에 오를 법적 권리를 지키셨다. 메시아의 계보를 더럽히려던 사탄의 시도는 수포로 돌아갔다.

구약의 예언에서 그분을 다윗의 자손이라고 명시했기 때문에 메시아는 다윗과 생물학적으로 연결되어야 한다. 누가의 계보(눅 3:23-28)에서 예수님의 계보는 다윗의 아들 나단(31절)을 통해 다윗까지 거슬러 올라간다. 예수님과 다윗의 생물학적 관계는 나단을 통해 예수님의 어머니 마리아로 완성된다.

누가가 적은 예수님의 계보는 결국 아담까지 이른다(38절). 예수님이 에덴동산과 연결되는 것이 왜 중요한가? 의로운 후손이 와서 사탄을 상하게 한다는 예언 때문이다(창 3:15). 하나님은 예수님이 예언의 성취라는 사실에 대한 모든 의심을 제거하신다.

누가는 왕위에 오르지 못한 다윗의 아들 가운데 한 명인 나단을 통해 예수님의 계보를 정리했지만 마태는 예수님의 계보를 정리하면서 솔로몬을 언급한다(마 1:7). 두 계보로 볼 때 예수님은 요셉을 통해 솔로몬의 합법적인 자손이 되며(마태의 설명), 메시아로 불리기에 부족함이 없고, 세상의 아버지가 생부가 아니므로 여고냐의 저주에서도 자유로우시다.

예수님의 계보를 보면 볼수록 예수님은 이스라엘의 메시아라고 불릴 명백한 자격이 있으시다. 하나님이 예수님의 계보를 보존하셨기 때문에 확인을 원하는 유대인은 언제든지 기록을 확인할 수 있다.

그리스도의 죽음에 대한 예언

구약의 예언은 그리스도의 탄생뿐만 아니라 죽음도 다룬다. 죄에 대한 메시아의 죽음을 말하는 유명한 말씀은 이사야 53장에 나타난다. 여기서 핵심 구절을 보자. 이사야는 메시아에 대해 이렇게 적었다.

"그는 멸시를 받아 사람들에게 버림받았으며 간고를 많이 겪었으며 질고를 아는 자…그는 실로 우리의 질고를 지고 우리의 슬

품을 당하였거늘 우리는 생각하기를 그는 징벌을 받아 하나님께 맞으며 고난을 당한다 하였노라 그가 찔림은 우리의 허물 때문이요 그가 상함은 우리의 죄악 때문이라 그가 징계를 받으므로 우리는 평화를 누리고 그가 채찍에 맞으므로 우리는 나음을 받았도다"(3-5절).

이는 예수님의 십자가 죽음에 대한 놀라운 예언이다. 또한 주님의 죽음을 목격한 사도 베드로는 사람들에게 예수님처럼 부당한 고난을 당하더라도 끝까지 견디라고 격려하며 이렇게 덧붙였다.

"이를 위하여 너희가 부르심을 받았으니 그리스도도 너희를 위하여 고난을 받으사 너희에게 본을 끼쳐 그 자취를 따라 오게 하려 하셨느니라 그는 죄를 범하지 아니하시고 그 입에 거짓도 없으시며 욕을 당하시되 맞대어 욕하지 아니하시고 고난을 당하시되 위협하지 아니하시고 오직 공의로 심판하시는 이에게 부탁하시며 친히 나무에 달려 그 몸으로 우리 죄를 담당하셨으니 이는 우리로 죄에 대하여 죽고 의에 대하여 살게 하려 하심이라 그가 채찍에 맞음으로 너희는 나음을 얻었나니"(벧전 2:21-24).

이 두 구절을 비교하면 베드로전서 2장에서 이사야 53장의 예언이 성취된 것을 확인할 수 있다. 베드로는 이사야가 말한 예수님의 상처(5절)를 인용하며 이사야의 예언(7절)대로 예수님이 자신을 고발한 자들을 욕하지 않으셨다고 말한다.

시편 22편의 시작은 예수님의 십자가 죽음에 대한 신약의 기록과 연결된 위대한 예언이다. 바로 "내 하나님이여 내 하나님이여 어찌 나를 버리셨나이까"(1절)라는 호소다. 이는 예수님이 십자가에서 내뱉으신 탄식이다. 이어서 시편기자는 이렇게 말한다. "나는 벌레요 사람이 아니라 사람의 비방거리요 백성의 조롱거리니이다 나를 보는 자는 다 나를 비웃으며 입술을 비쭉거리고 머리를 흔들며 말하되 그가 여호와께 의탁하니 구원하실 걸 그를 기뻐하시니 건지실 걸 하나이다"(6-8절). 바로 누가복음 23장 35절의 기록과 연결된 말씀이다. "백성들은 서서 구경하는데 관리들은 비웃어 이르되 저가 남을 구원하였으니 만일 하나님이 택하신 자 그리스도이면 자신도 구원할지어다 하고."

시편 22편에는 로마 시대가 되어서야 이스라엘에 알려진 십자가 처형에 대한 설명도 등장한다.

"나는 물같이 쏟아졌으며 내 모든 뼈는 어그러졌으며"(14절).

"악한 무리가 나를 둘러 내 수족을 찔렀나이다"(16절).

"내 겉옷을 나누며 속옷을 제비 뽑나이다"(18절).

십자가에 달리면 몸의 무게 때문에 관절이 탈구된다. 예수님은 손과 발, 옆구리를 찔리셨다(요 19:34). 군인들은 예수님의 옷을 제비 뽑아 나누었다(마 27:35). 예수님의 죽음은 정확하게 예언되었고, 예수님은 모든 예언을 세부적인 것까지 철저하게 성취하셨다.

그리스도의 부활에 대한 예언

구약에는 그리스도의 부활에 대한 예언도 존재한다.

오순절 설교(행 2:14-36)에서 베드로는 예수님이 메시아임을 입증하기 위해 구약의 예언을 사용한다(25-28절). 베드로가 인용한 시편 16장 8-11절에서 다윗은 이렇게 말한다. "내가 여호와를 항상 내 앞에 모심이여 그가 나의 오른쪽에 계시므로 내가 흔들리지 아니하리로다 이러므로 나의 마음이 기쁘고 나의 영도 즐거워하며 내 육체도 안전히 살리니 이는 주께서 내 영혼을 스올에 버리지 아니하시며 주의 거룩한 자를 멸망시키지 않으실 것임이니이다"(8-10절).

사도행전 2장 29-32절에서 베드로는 예수 그리스도의 삶에서 그 예언이 성취되었음을 명시한다. 그는 다윗이 "미리 본 고로 (메시아이신) 그리스도의 부활을 (예언적으로) 말하되"(31절)라고 설명한다. 부활한 사람은 다윗이 아니라 예수님이시다. 베드로는 하나님이 그리스도를 죽은 자 가운데서 살리신 사실에 대해 "우리가 다 이 일에 증인이로다"(32절)라고 했다.

예수님은 살아 계실 때 제자들(마 17:23, 20:19)이나 믿지 않는 유대인(요 2:18-21)에게 여러 번 자신의 부활을 말씀하셨다. 요한은 예수님이 살아나신 후에 제자들이 예수님이 하신 말씀을 기억하고 믿었다고 말한다(22절).

이것이 그리스도에 대한 예언의 특성이다. 그리스도에 대한 예언들이 예수님의 초림에서 성취된 방법들을 볼 때 그분의 재림과 영광스러운 통치에 대한 예언(단 7:14; 벧전 1:10-11)에도 확신이 생긴다. 아울러 그리스도가 십자가에서 우리를 위해 성취하신 모든 것도 신뢰할 수 있다. 그리스도의 희생으로 우리에게 주어진 풍성한 삶을 신뢰하며 담대하게 살아가자.

다시 오실 메시아에 대한 예표

성경의 예언과 예표는 그리스도가 세상에 오시기 전 그분이 어떤 분인지 우리에게 알려주기 위해 제시되었다. 예표를 이해하려면 구약과 신약을 모두 연구해야 한다. 그리스도의 인성과 사역에 대한 전조로 기록된 것이 구약의 상징과 예표이기 때문이다. 예표는 신약의 진리를 밝히고 가리키는 구약의 그림이다. 신약은 예표의 성취이며 그림자 뒤의 실체다.

예표와 예언에는 연관성이 있다. 하나님이 우리에게 예수님을 제시하는 구약의 말씀 안에 예언적인 지도를 주셨듯, 구약 안에 우리를 예수님께 인도하고 예수님을 생각나게 하는 예표를 심어놓으셨다.

구약의 주제가 그리스도라는 사실을 기억하라(마 5:17; 눅 24:27, 44; 요 5:39). 신약의 실재에 대한 구약의 그림이 바로 예표다.

구약의 예식, 규정, 사람들 가운데 상당수가 그리스도의 인성과 사역의 다양한 면을 보여주는 그리스도의 예표다. 예를 들어 세례 요한이 자기 쪽으로 오시는 예수님을 보며 "보라 세상 죄를 지고 가는 하나님의 어린양이로다"(요 1:29)라고 할 때 요한은 구약의 예표를 사용하여 예수님이 그 예표의 성취라고 말한 것이다. 이스라엘에서 죄를 일시적으로 덮기 위해 희생된 모든 양은 죄를 영원히 없이 하기 위해 세상에 와서 자신의 피를 흘리신 어린양이신 예수를 상징한다. 이것이 예표다.

우리가 성경 전체를 연구해야 할 이유도 여기에 있다. 신약 없이 구약만 보면 전체 그림을 볼 수 없다. 구약이 신약에서 성취되기 때문이다. 그렇다고 구약 없이 신약만 보면 신약의 많은 기록을 이해할 수 없다. 신약의 상당 부분이 구약의 기록에 대한 설명이자 적용이며 성취이기 때문이다.

예수님이 보이신 예표

예수 그리스도를 보면 더욱 그렇다. 예수님은 자신에 대한 구약의 예표에 관심이 많으셨다. 앞에서 예수님이 엠마오로 가던 두 제자에게 자신에 대한 구약의 기록으로 설명하신 것을 기억하라(눅 24:27, 44).

예수님은 예표와 예언을 모두 말씀하셨다.

예수님은 "모세의 율법"(눅 2:44)으로 설명을 시작하셨다. 구약의 처음 다섯 권을 지칭하는 모세오경에는 예수 그리스도에 대한 예표가 가득하다. 광야의 성막이나 구약의 제사 구조 역시 그리스도의 예표이다. 모세오경에 기록된 많은 사건이 예수님을 예표한다(요 3:14-15). 예수님은 수백 년 전에 일어난 사건을 통해 자신의 삶과 사역을 설명하셨다. 예수님이 그렇게 하실 수 있었던 이유는 구약의 사건들이 예수님을 예표하고 고대하며 지칭하기 때문이다. 같은 이유에서 예수님은 이처럼 놀라운 말을 남기셨다. "내가 율법이나 선지자를 폐하러 온 줄로 생각하지 말라 폐하러 온 것이 아니요 완전하게 하려 함이라"(마 5:17). 예수님은 구약을 하나님의 의도대로 완성하기 위해 오셨다.

그림자 너머의 실체

골로새서 2장 17절에서 바울은 구약의 일들을 가리키며 "장래 일의 그림자이나 몸은 그리스도의 것"이라고 했다. 그림자와 사람 가운데 무엇을 품에 안겠는가? 가장 중요한 것은 본질이다. 구약만 수용한다면 그림자만 수용하는 것이다. 예수 그리스도를 수용한다면 그 그림자의 실체 즉 예표 뒤의 본질을 수용하는 것이다. 예표 뒤의 실체를 받아들이도록 이번에는 그리스도의 독특한 속성을 설명하려고 한다.

많은 그리스도인이 이해하기 어려워하는 히브리서를 통해 살펴보자.

히브리서가 어려운 이유는 히브리서 기자가 독자가 구약을 이해한다는 전제 아래 말하기 때문이다. 히브리서는 예표론 즉 그리스도가 오랜 언약의 성취라는 사실을 다룬 책이다. 히브리서 기자가 즐겨 사용한 말은 "더 좋은"(better)이다. 그는 과거의 언약보다 더 좋은 것이 그리스도 안에 있다고 말하며 이 단어를 열세 번이나 사용했다.

예를 들어 예수님이 "천사보다 뛰어남은 그들보다 더욱 아름다운 이름을 기업으로 얻으심이니"(히 1:4)라고 했다. 천사들도 훌륭하지만 천사들의 영광에만 머무른다면 차선책을 고르는 것이다. 예수님이 천사들보다 훨씬 뛰어나시다. 7장 22절에서는 "이와 같이 예수는 더 좋은 언약의 보증이 되셨느니라"라고 했다.

구약의 율법은 매우 까다롭다. 복잡한 의식과 제사가 한두 가지가 아니다. 예수님은 구약의 언약보다 훨씬 좋은 길이 되신다. 히브리서 7장 19절에 따르면 율법은 아무것도 온전하게 하지 못한다. 그러나 예수님은 우리가 하나님께 가까이 갈 때 신뢰하고 붙잡을 수 있는 "더 좋은 소망"을 보이셨다. 하나님 앞에서 죄인들을 변호할 때 옛 계명은 더 이상 쓸모가 없기 때문에(7:18 참고) 더 나은 제사가 필요하다(9:23). 예수님의 십자가 희생이 바로 그것이다.

우리가 구약의 율법 아래 산다면 양이나 염소, 기타 제물을 성전에 바쳐서 죽이고 그 피로 우리 죄를 씻어야 할 것이다. 그러나 복음의 기쁜 소식은 죄에 대한 최종 제물이 이미 드려졌다는 사실이다. 그리스도가 우리를 위해 하신 일 때문에 우리는 더 나은 나라, 즉 하늘나라를 꿈꿀 수 있다. 하나님은 우리에게 천국이라는 본향을 예비하셨다(히 11:16). 약속의 땅 가나안은 천국을 예표한다. 그러나 이스라엘 백성이 가나안에서 최고의 날을 보냈다 해도 예수님이 우리를 위해 예비하신 것과 비교할 수 없다(요 14:1-3). 우리에게는 더 나은 집이 있다.

구약의 제사:
장차 오실 예수님의 예표

이스라엘 백성은 율법에 따라 번제, 소제, 화목제, 속죄제, 속건제라는 다섯 가지 제사를 드렸다. 앞의 세 가지 제사는 하나님께 드리는 봉헌제사이고 뒤의 두 가지 제사는 죄에 대한 속죄와 관련이 있다. 예수 그리스도는 이 모든 제사와 연관이 있다. 예수님은 성부 하나님에 대한 완전한 순복과 절대 순종의 삶을 통해 앞의 세 가지 제사로 대표된 예표를 성취하셨다. 예수님은 "두루마리 책에 나를 가리켜 기록된 것과 같이 하나님의 뜻을 행하러 왔나이다"(히 10:7)라고 하셨다.

예수님이 하나님께 단 한 번이라도 불순종했다면 우리의 구세주가 될 자격을 잃으셨을 것이다. 그러나 그분은 모든 사람 가운데 유일한 분이시다. 예수님은 하나님께 완벽하게 순종하셨다. 속죄제와 속건제는 그리스도의 죽음으로 성취되었다.

그리스도에 대한 예표로 성막을 연구하면 책 한 권이 족히 완성될 것이다. 하나님은 출애굽기에서 자신이 원하는 성막의 건축 방식을 명시하셨다. 모든 세부적인 요소 하나하나가 그리스도와 연결된다. 성전이 지어지기 전까지 성막은 하나님이 거하시는 곳이자 하나님의 쉐카이나 영광이 있는 곳이었다. 하나님과 시간을 보내려면 성막에 가야 했다. 그러나 예수님의 희생으로 이제 직접적인 관계가 가능해졌다. 예수님이 성막의 예표를 어떻게 성취하셨는지 알아보자.

- 성막에는 문이 하나 있다. 예수님은 자신이 길이라고 하셨다(요 14:6).
- 성막에는 제물을 위한 청동 제단이 있다. 예수님은 자신의 목숨을 많은 사람의 대속물로 주기 위해 오셨다고 했다(막 10:45).
- 성막에는 성막을 밝히는 빛이 있다. 예수님은 자신을 "세상의 빛"(요 8:12)이라고 하셨다.
- 성막에는 진설병을 놓는 상이 있다. 예수님은 자신을 "생명의 떡"(요 6:48)이라고 하셨다.
- 대제사장은 하나님께 올라가는 기도를 의미하는 향을 피웠다. 예수님은 우리를 위해 기도함으로 우리의 대제사장이 되셨다(요 17:9).
- 성막에는 휘장이 있어서 성소와 지성소를 구분했다. 이는 하나님께 완전히 나아가는 일이 아직 성취되지 않았음을 의미한다. 그러나 예수님이 돌아가셨을 때 성소의 휘장이 반으로 찢어졌다(마 27:51). 히브리서 기자는 휘장을 그리스도의 육체라고 했다(히 10:20).

- 지성소에는 속죄소로 덮인 하나님의 궤가 있고 속죄를 위해 어린 양의 피를 속죄소에 뿌렸다. 예수님은 "양을 위하여 목숨을 버리노라"(요 10:15)라고 말씀하셨다.

천막으로 지은 성막은 하나님의 임재와 영광을 모시는 곳이었다. 성경은 예수님이 오심으로 "말씀이 육신이 되어 우리 가운데 거하시매(성막이 되시매) 우리가 그의 영광을 보니"(요 1:14)라고 했다. 여기서 '거하다'라는 말은 성막처럼 '천막을 세운다'라는 뜻이다. 그리스도와 성막의 연관성을 이보다 분명하게 보여주는 것은 없다. 성막의 목적은 하나님의 영광을 나타내는 것이다. 이제 예수님이 오심으로 사람들은 그분 안에서 하나님의 영광을 볼 수 있다. 예수님은 성막의 예표를 독특하게 그리고 완벽하게 성취하셨다.

예수님에 대한 또 다른 그림자 또는 예표는 반석이다. 광야에 있던 이스라엘 백성은 몹시 굶주렸고 갈증에 시달렸다. 모세가 반석을 치자 모든 백성이 마실 정도의 물이 솟구쳤다(민 20:11). 이것은 평범한 바위가 아니라 그리스도를 예표한다. 사도 바울은 고린도 교인들에게 이 예표를 이렇게 설명한다. "다 같은 신령한 음료를 마셨으니 이는 그들을 따르는 신령한 반석으로부터 마셨으매 그 반석은 곧 그리스도시라"(고전 10:4). 삼위일체의 제2위격을 통한 하나님의 영적인 공급이다. 광야에 있던 이스라엘 백성이 그리스도로 충분했다면 광야를 지나는 당신도 그리스도로 충분하다. 그분은 당신이 마시고 만족할 생수를 주신다.

이스라엘 백성에게는 광야에서 먹을 만나가 필요했다(출 16:14-15). 예수님은 유대인들에게 자신을 "하늘에서 내려온 떡"(요 6:41)이라고 하셨다. 만나는 예수님을 가리키는 모형이자 예표다. 예수님은 하늘에서 내려와 우리에게 양분을 주시는 진정한 생명의 떡이다.

예수님은 성막의 예표를 독특하게 그리고 완벽하게 성취하셨다.

"모세가 광야에서 뱀을 든 것 같이 인자도 들려야 하리니 이는 그를 믿는 자마다 영생을 얻게 하려 하심이니라"(요 3:14-15). 이 말씀은 하나님께 불순종한 백성을 독 있는 뱀에게 물리게 한 하나님의 가혹한 심판을 지칭하신 것이다(민 21:4-9). 하나님은 모세에게 놋뱀을 만들어서 장대 뒤에 매달라고 하시며 놋뱀을 바라보는 사람은 죽지 않을 거라고 하셨다. 예수님은 이 사건에 대해 자신이 죄를 위해 행할 제사의 모형이라고 하셨다. 여기서 "들려야 하리니"라는 말씀은 예수님이 찬미와 찬양의 대상이 된다는 뜻이 아니었다. 이스라엘 백성을 죽음에서 구원하기 위해 놋뱀을 높이 달았듯 예수님이 십자가에 높이 달리신 것을 지칭했다.

놋뱀을 보려면 믿음의 행동이 필요하다. 마찬가지로 예수님의 십자가 죽음으로 우리가 구원받았음을 믿으려면 믿음의 행동이 필요하다. 일부 이스라엘 백성은 놋뱀 보기를 거부하고 주위를 돌아보며 의사를 찾았다. 그들은 결국 죽음을 맞이했다. 예수님은 같은 말씀을 하신다. "나를 보아라. 그러면 산다."

예수님은 장차 오시기로 예언된 하나님의 어린양이시다. 그분은 모든 구약의 예표와 모든 모형 뒤의 실재에 대한 완벽한 성취이시다. 알파벳만 있으면 우리가 원하는 모든 영어 단어를 쓸 수 있듯 예수 그리스도와 십자가의 죽음과 부활은 우리가 어떤 상황에 처하든 우리를 생명의 길로 인도한다.

3장

죽음

건강한 아기가 태어났을 때 부모와 의사, 간호사는 신생아의 아름다움에 미소를 짓는다. 아기가 울더라도 새로운 생명의 순수함은 모두에게 기쁨을 준다.

부모는 며칠 혹은 한 달 이내에 아기에게서 자신을 닮은 신체적 특징을 찾아낸다. 여기서 부모가 간과하는 사실이 있다. 바로 부모가 머리칼과 눈동자의 색을 아기에게 전함과 동시에 자신들의 죄성까지 아기에게 전달한다는 사실이다. 아기도 우리처럼 순수하지 않다. 죄는 모든 사람을 기다린다.

"그러므로 한 사람으로 말미암아 죄가 세상에 들어오고 죄로 말미암아 사망이 들어왔나니 이와 같이 모든 사람이 죄를 지었으므로 사망이 모든 사람에게 이르렀느니라"(롬 5:12). 최초의 사람인 아담을 통해 죄가 세상에 들어왔다. 아담과 하와의 본성은 죄로 오염되었고, 오염된 본성은 인간의 출생을 통해 계속 전해졌다.

바울은 무언가를 다른 사람에게 덮어씌운다는 의미의 '전가'라는 말로 이것을 설명한다. 아담의 죄는 그의 후손 즉 모든 인간에게 전가되었다. 우리와 자녀들, 모든 인류에게 죄가 전가된다.

그동안 이 주제에 대한 신학적 논쟁이 많았다. 바울은 우리가 모두 죄를 지었으므로 아담이 지은 죄의 대가를 우리가 치를 걱정은 하지 말라고 했다. 우리에게는 우리가 처리해야 할 죄가 있다. 죄의 오염은 보편적이다.

성경의 저자들은 솔직하다. 다윗은 "내가 죄악 중에서 출생하였음이여 어머니가 죄 중에서 나를 잉태하였느니라"(시 51:5)라고 했다. 바울은 "내가 원하는 바 선은 행하지 아니하고 도리어 원하지 아니하는바 악을 행하는 도다"(롬 7:18)라고 했다.

죄의 오염으로 인한 최종 결과는 죽음이다. 죽음이라고 하면 보통 육신의 죽음을 생각하는데 성경은 세 가지 죽음을 가르친다. 육신이 영과 혼에서 분리되는 '육신의 죽음', 사람과 하나님의 관계가 분리되는 '영적 죽음', 사람이 하나님과 영원히 분리되는 '영원한 죽음'이다. 여기서 핵심은 분리다.

예수님의 죽음 외에는 만연한 죄를 없앨 방법이 없었기 때문에 예수 그리스도가 죽으셔야 했다. 죄의 중심에는 하나님과 별개로 우리 마음대로 하려는 욕망이 자리 잡고 있다. 하나님에게서 독립하려는 인간의 욕망은 반항의 행동이다. 하나님께 자신의 행동을 굳이 설명하고 싶지 않다는 태도다. 로마서 1장에 나오는 이런 태도에 대해서는 이후에 자세히 알아보자. "하나님을 알되 하나님을 영화롭게도 아니하며 감사하지도 아니하고 오히려 그 생각이 허망하여지며 미련한 마음이 어두워졌나니… 또한 그들이 마음에 하나님 두기를 싫어하매 하나님께서 그들을 그 상실한 마음대로 내버려 두사 합당하지 못한 일을 하게 하셨으니"(롬 1:21, 28).

> 예수님의 죽음 외에는 만연한 죄를 없앨 방법이 없었기 때문에 예수 그리스도가 죽으셔야 했다.

독립(분리)은 이렇게 외친다. "나는 하나님을 영화롭게 하고 싶지 않다. 내가 하고 싶은 대로 하고 싶다. 내가 보스가 되겠다." 사실 이런 태도는 하늘에서 처음 등장했다. "가장 높은 구름에 올라가 지극히 높은 이와 같아지리라"(사 14:14)라고 했던 천사장 루시퍼의 마음과 생각에 고스란히 담긴 태도다. 우리가 하나님과 상관없이 독자적으로 하려는 모든 시도가 죄다. 하늘에서 떨어진 사탄처럼(사 14:12-15; 눅 10:18) 죄를 인정하지 않고 죄의 형벌을 무효화한 예수님의 희생을 수용하지 않으면 우리는 하늘과 분리된다.

죄를 정의하는 기준

로마서 3장 23절에 따르면 죄를 측정하는 기준은 "하나님의 영광"이다. 하나님은 죄의 문제를 판단하실 때 우리의 이웃이나 직장 동료가 아니라 하나님 자신을 기준으로 판단하신다. 하나님은 우리에게 "너는 꽤 괜찮은 사람"이라고 하지 않으신다. 오히려 "너는 나만큼 괜찮지 않다"라고 하신다.

많은 불신자가 이 사실을 이해하지 못하거나 믿지 않기 때문에 죄를 대수롭지 않게 여긴다. 왜 누군가가 죄 때문에 죽어야 하는지 이해하지 못한다. 그들은 하나님이 우리의 나쁜 행동과 착한 행동을 저울에 달거나 곡선으로 표시하여 우리를 심판하신다고 생각한다. 그러나 성경은 모든 사람이 미달이라고 말한다. 누구도 기준을 충족하지 못한다. 하나님의 완벽함이 기준이기 때문이다. 그 절대 기준에 감히 누가 도달하겠는가? 아무도 없다.

항공편을 놓친 여행객이 두 명 있다고 하자. 한 사람은 겨우 5분 늦었고 다른 사람은 45분 늦었다. 첫 번째 사람이 더 나은가? 아니다. 얼마나 늦었는가는 중요하지 않다. 둘 다 공항에 묶인 신세라는 게 중요하다.

우리도 하늘의 기준보다 훨씬 부족하다. 1센티미터가 부족한지 1킬로미터가 부족한지는 중요하지 않다. 하나님은 죄에 반드시 대응하신다. 그분의 속성은 거룩함이기 때문이다.

선지자 하박국은 "주께서는 눈이 정결하시므로 악을 차마 보지 못하시며 패역을 차마 보지 못하시거늘"(합 1:13)이라고 했다. 성경에 나오는 의인들도 하나님의 거룩 앞에서는 태연하지 못했다. 하박국처럼 순종적인 선지자였던 이사야는 거룩하신 하나님의 존전에서 "화로다 나여 망하게 되었도다"(사 6:5)라고 한탄하며 망연자실했다.

선지자는 아니지만 하나님께 칭찬을 받은(욥 1:8) 경건한 사람 욥은 시험을 받은 후 놀라우신 하나님을 만나고 자신의 죄성을 깨달았다. "이제는 눈으로 주를 뵈옵나이다 그러므로 내가 스스로 거두어들이고 티끌과 재 가운데에서 회개하나이다"(욥 42:5-6). 여기서 잠시 욥과 이사야의 입장이 되어보자. 그러면 왜 예수님이 죄를 위해 죽으셔야 했고, 다른 사람이 아닌 그분만이 그 대가를 치르실 수 있는지 알 수 있다.

우리가 죄를 지었을 때 감정이 상하는 분은 하나님이시다. 따라서 죄를 어떤 기준으로 속죄하고 용서할지에 대한 결정은 하나님이 하신다. 히브리서 9장 22절에 그 기준이 명시되었다. "율법을 따라 거의 모든 물건이 피로써 정결하게 되나니 피 흘림이 없은즉 사함이 없느니라."

피의 제사

하나님이 죄를 사하시는 수단은 피 흘림이다. 다른 방법으로는 어렵다. 울며 탄식하고 새 사람이 되겠다는 맹세로는 죄를 없애지 못한다. 죄는 죽음의 형벌이 따르는 사형 죄다. 하나님은 왜 피를 죄의 대가로 삼으셨을까? "육체의 생명은 피에 있음이라"(레 17:11)라는 말씀대로 피 흘림에는 죽음이 필요하기 때문이다.

죄를 처리하는 데 피가 필요하다는 사실은 에덴동산으로 거슬러 올라간다. 하나님은 죄를 지은 아담과 하와에게 동물을 죽여서 만든 가죽옷을 입히셨다(창 3:21). 동물의 죽음은 하나님의 요건을 충족시키고 사람의 죽음을 대체했다. 그리스도의 죽음도 피의 속죄다. 예수님은 우리가 죄 때문에 당해야 할 죽음을 대신하는 희생 제물로 자신을 주셨다.

예수님이 십자가에 달리실 때 현장에 있었던 사도 베드로는 이렇게 말했다. "친히 나무에 달려 그 몸으로 우리 죄를 담당하셨으니"(벧전 2:24). 왜 예수님이 십자가에 달려 돌아가셨을까? 성경에 기록된 이유를 보면 십자가에 감사하는 마음이 생길 것이다. "그리스도께서 우리를 위하여 저주를 받은바 되사 율법의 저주에서 우리를 속량하셨으니 기록된바 나무에 달린 자마다 저주 아래에 있는 자라 하였음이라"(갈 3:13). 모세의 율법은 저주와 연결된다. 바울은 신명기 27장 26절의 말씀을 인용한다. "누구든지 율법 책에 기록된 대로 모든 일을 항상 행하지 아니하는 자는 저주 아래에 있는 자라"(갈 3:10).

율법을 하나라도 지키지 못하면 율법 전체를 지키지 못한 것이므로 율법의 저주 아래 놓인다(약 2:10). 이는 참 안타까운 사실이다. 그러나 좋은 소식이 있다. 예수님이 나무에, 다른 말로 십자가에 달리심으로써 우리가 받아야 할 저주를 대신 받으셨다. 이 사실을 설명하기 위해 바울은 나무에 달린 자는 하나님께 저주를 받았다는 신명기 21장 23절을 인용한다.

구약시대에 사형 죄를 저지른 사람은 보통 돌에 맞아 죽었다. 매우 극악무도한 범죄를 저지른 경우에만 최고의 수치와 치욕의 상징으로 시체를 나무에 매달았다. 여기에는 사람들에게 보내는 경고의 의미가 있다. 십자가형은 아니지만 여기서 핵심은 범죄자에게 수치를 주는 것이다. 모든 사람이 나무에 달린 사람은 저주받은 자라는 사실을 알았다.

왜 예수님은 십자가에서 돌아가셨을까? 이는 예수님이 우리를 위해 율법의 저주를 담당하셨다는 사실을 세상에 알리려는 하나님의 뜻이었다. 예수님은 나무에 달림으로 수치의 대상이 되셨다. 이는 하나님이 저주로 인한 죽음을 자신의 아들에게 내리셨다는 명백한 증거다. 바로 그 죽음 때문에 우리는 자유를 얻었다.

다행히도 하나님은 그리스도의 죽음을 우리의 죄에 대한 완전한 대가로 용납하셨다(요 19:30). 이제 하나님은 우리의 죄를 우리에게 돌리거나 전가하지 않으신다(고후 5:19). 어떻게 그러실 수 있을까? "하나님이 죄를 알지도 못하신 이를 우리를 대신하여 죄로 삼으신 것은 우리로 하여금 그 안에서 하나님의 의가 되게 하려 하심이라"(21절). 하나님이 우리의 죄를 예수님께 전가하심으로 예수님의 온전한 의가 우리에게 주어졌다. 그리스도의 죽음으로 하나님은 죄 많은 인간의 신용 등급을 완벽히 회복시키셨다.

동기

하나님은 왜 자신의 아들을 기꺼이 십자가에 달리게 하셨을까? 예수님은 왜 기꺼이 죽음을 택하셨을까? 다른 사람들과 구별되는 예수 그리스도만의 특성은 바로 우리 같은 죄인들을 향한 그분의 사랑이다. 예수님은 우리처럼 무가치한 사람들을 사랑하신다. 마찬가지로 성부 하나님은 우리를 사랑하여 완벽한 대속자인 성자 하나님을 보내셨다. 한번 생각해보라. 당신이라면 비열한 악당, 극악무도한 강도를 위해 당신의 자녀를 제물로 줄 수 있겠는가? 너무 심한 말로 들리지만 그게 우리의 실체다. 하나님은 우리를 위해 그리스도를 보내셨다.

하나님이 보시기에 우리는 결코 좋은 모습이 아니다. 이처럼 최악의 상태인 우리를 하나님은 사랑하신다. "우리가 아직 죄인 되었을 때에"(롬 5:8) 그리스도가 우리를 위해 십자가에 달리셨다. 십자가를 모르면 그 사랑을 온전히 이해할 수 없다. 하나님의 사랑은 그분의 선하심과 영광을 반영하여 인류의 필요를 해결하기 위해 하나님이 택하신 기쁨의 자기 결단이다.

너무 거창한 정의처럼 들린다면 좀 더 풀어서 설명해 보겠다. 하나님의 사랑은 언제나 가시적이다. 하나님은 세상을 이처럼 사랑하사 독생자를 주셨다(요 3:16). 하나님의 사랑은 희생적이다. 하나님은 우리를 위해 대가를 지불하실 정도로 우리를 사랑하신다. 하나님의 사랑은 무조건적이다. 하나님은 "우리가 아직 죄인되었을 때에"(롬 5:8), 우리가 행동을 아직 고치기 전에 우리를 위해 자기 아들의 목숨을 주셨다. 하나님은 우리가 행동을 고치려고 수고하기를 원하지 않으신다. 아무리 노력해도 여전히 부족하기 때문이다. 하나님의 사랑에는 아무 조건이 없다.

예수님은 우리가 죄인일 때 우리를 위해 돌아가셨다. 자원하는 마음과 낮은 자세로 십자가를 감당하셨다.

십자가의 낮아지심

'낮아지심'이라는 말은 예수 그리스도가 하늘의 가장 높은 자리에서 지상의 가장 낮은 자리로 내려오신 것을 말하는 신학 용어다. 예수님이 세상에 오셔서 십자가에 달려 돌아가신 일은 실로 충격적인 사건이다. 이 놀라운 사실을 이해하기 위해 그리스도의 낮아지심을 상세히 다룬 빌립보서 2장 5-11절을 보자.

예수님이 얼마나 높은 분인지 생각하면 그분이 얼마나 많이 낮아지셨는지 알 수 있다. 예수님은 "근본 하나님의 본체"(빌 2:6)이시다. 예수님이 하나님으로 존재하지 않으신 적은 한 번도 없다. 여기서 "본체"라는 말은 내면의 본질 또는 존재를 의미한다. 히브리서 13장 8절은 예수 그리스도가 어제나 오늘이나 영원토록 동일하다고 말한다. 오늘의 예수님은 언제나 항상 그랬던 분이시다.

어제나 오늘이나 동일한 예수님은 하나님과 동등 됨을 취할 것으로 여기지 아니하셨다(빌 2:6). 그분은 하늘의 영광과 기쁨을 이기적으로 혼자 취하시지 않았다. 우리가 이 말의 모든 의미를 이해할 수는 없지만 예수님의 행동을 우리도 굳게 붙잡아야 한다. 십자가에 달리신 그리스도의 모습이 우리의 생각과 행동에 자리 잡을 때, 그로 인한 유익과 축복을 온전히 경험할 수 있다.

예수님은 신성의 특권을 버리는 것을 불안해하지 않으셨다. 하늘의 자리를 다른 누군가에게 빼앗길 것에 대한 걱정도 없으셨다. 전혀 걱정하실 필요가 없었다. 자신의 지위를 지키기 위해 하늘의 자리를 붙들어야 한다는 부담도 없으셨다. 예수님이 사람이 되신다고 해서 그분의 신성이 조금이라도 축소 혹은 손상, 타협되는 일은 결코 없기 때문이다. 예수님의 낮아지심과 자신을 비우심은 그분이 신성을 포기하셨다는 의미가 아니다.

예수님이 기꺼이 하늘을 떠나 인간의 형상을 취하신 이유는 예수님의 생각 때문이다. 예수님은 하나님의 선하심과 영광에 대한 특권을 포기하는 일을 거부하지 않으셨다. 예수님은 "저 악한 자들의 죗값을 치르기 위해 나무에 못 박히고 싶지 않습니다"라고 하실 수도 있었다. "다른 사람을 보내십시오"라고 하실 수도 있었다. 그러나 영원 전부터 예수님은 우리를 대신하기로 결정하셨다. 그래서 요한은 이렇게 말했다. "우리가 사랑함은 그가 먼저 우리를 사랑하셨음이라"(요일 4:19).

그리스도가 자신을 낮추셨다는 말의 정수를 보여주는 구절이 빌립보서 2장 7절이다. 이 구절은 그리스도의 '자기 비움'[헬라어 케노시스(kenosis)]에 대한 의견이 분분하여 논란이 있는 구절이다. "오히려 (그리스도께서) 자기를 비워 종의 형체를 가지사 사람들과 같이 되셨고." 6절과 7절은 그리스도의 낮아지심의 연장이다. "하나님과 동등한" 분이지만 세상에서 "종(노예)의 형체"를 보이셨다. 여기서 바울의 표현이 중요하다. 바울은 왜 예수님이 사람의 형체를 가지셨다고 말하지 않았을까? 사람의 형체만으로도 하나님께는 엄청나게 낮아진 것인데 말이다. 사실 바울은 사람을 의미하는 말이자 남성을 가리키는 단어를 사용할 수도 있었다. 그러나 바울은 그런 단어 대신에 '노예'를 의미하는 '둘로스'(*Doulos*)라는 헬라어 단어를 선택했다.

예수님은 로마시대의 가장 낮은 계급인 노예라는 특정한 부류에 속하셨다. 이는 우리에게 기쁜 소식이다. 우리가 아무리 낮아진다 해도 예수님이 우리보다 낮아져서 우리를 끌어올리신다. 예수님은 우리가 아무리 힘든 상황에 있더라도 우리와 동등한 위치에 처하실 수 있다. 가난, 고독, 집 없음, 거절 등 어떤 상황이든 우리와 동등 됨을 취하실 수 있게 종이 되셨다.

빌립보서 2장 7절은 예수님이 "사람들과 같이 되셨다"라고 말한다. 이는 그분이 평범한 사람처럼 보이셨다는 말이다. 예수님은 머리에 항상 후광이 비치거나 땅 위에 떠다니지 않으셨다. 예수님은 하나님이 받으셔야 마땅한 권리와 특권인 섬김을 받기 위함이 아니라 종으로 섬기기 위해 오셨다(막 10:45 참고). 종에게는 권리가 없다. 예수님은 인간의 몸으로 이 땅에 오심으로써 사람이 가진 한계를 자진하여 수용하셨다.

예수님은 자신의 유익을 위해 신성을 사용하거나 일상생활의 역경과 유혹을 회피하지 않고 사람으로 사셨다. 인간으로서의 문제를 해결하기 위해 신의 능력을 사용하지 않으셨다. 예수님이 시험을 당하실 때 사탄이 배고픈 예수님께 돌을 떡덩이로 바꾸라고 유혹했던 사건을 예로 들 수 있다(마 4:3). 이보다 더 중요한 예는 겟세마네 동산이다. 예수님은 칼을 들었던 베드로를 책망하며 묵묵히 체포되셨다.

그러나 오해하지 말라. 예수님은 많은 상황에서 자신의 신적인 능력을 사용하셨다. 우리가 기적이라고 부르는 상황이다. 그러나 기적은 예수님의 삶을 수월하게 하기 위해서가 아니라 하나님 나라의 유익과 사람들을 축복하기 위해 일어났다. 예수님이 신적 능력을 사용하지 않으신 이유는 우리가 당하는 모든 고통과 유혹을 경험하기 위해서였다(히 4:15). 그럼으로 첫 아담이 저지른 실수를 되돌리고 아담이 패배했던 에덴에서의 영적 전투에서 승리하기 위함이셨다. 예수님은 사람을 위한 대속물이 되기 위해 지상에서 하나님의 뜻대로 사셨다.

> 예수님은 가난, 고독, 집 없음, 거절 등 어떤 상황이든
> 우리와 동등 됨을 취하실 수 있게 종이 되셨다.

자기를 비우고 낮아지심

빌립보서 2장 8절을 보면 예수님이 인간의 몸을 입고 종이 되신 목적을 알 수 있다. "사람의 모양으로 나타나사 자기를 낮추시고 죽기까지 복종하셨으니 곧 십자가에 죽으심이라." 예수님은 십자가에 달리기 위해 이 땅에 오셨다.

그러나 사람이 되신 예수님도 몸부림치셨다. 겟세마네에서의 기도를 기억하는가? "내 아버지여 만일 할 만하시거든 이 잔을 내게서 지나가게 하옵소서"(마 26:39).

예수님도 십자가를 직면하는 것이 매우 힘겨우셨다. 얼마나 힘드셨던지, 천사가 겟세마네 동산에 와서 예수님께 고통을 감내할 힘을 주었다(눅 22:43-44).

그러나 같은 곳에서 예수님은 십자가가 자신에게서 지나가기를 간구하신 뒤 이렇게 기도하셨다. "그러나 나의 원대로 마시옵고 아버지의 원대로 하옵소서"(막 14:36). 우리에게도 예수님과 동일한 태도가 필요하다. 사실 예수님은 십자가를 지지 않으셔도 되었다. 그러나 삶의 가장 심각한 위기에서 예수님은 하나님의 뜻에 자신을 굴복하고 우리를 향한 사랑 때문에 죽기까지 순종하셨다.

겸손한 중재자

예수 그리스도의 낮아짐과 비우심의 또 다른 목적은 중재자가 되는 것이다. 디모데전서 2장에서 바울은 그리스도인들에게 모든 사람을 위하여 기도하라고 권고하며 이렇게 말했다. "하나님은 한 분이시요 또 하나님과 사람 사이에 중보자도 한 분이시니 곧 사람이신 그리스도 예수라 그가 모든 사람을 위하여 자기를 대속물로 주셨으니"(5-6절). 여기서 중보자는 사이가 벌어진 사람들 사이에 서서 그 둘을 다시 이어주고 중재하는 사람을 말한다. 낮아지신 예수님은 하나님과 우리의 중재자가 되셨다.

예수님은 성부 하나님과 사람 사이에서 우리를 다시 하나님과 연결시키려고 십자가에 달리셨다. 중재자라는 개념은 사실 오래된 개념이다. 성경에서 가장 오래된 책으로 여겨지는 욥기에서 욥은 하나님께 자신의 상황을 항변하기 위해 중재할 사람이 필요하다고 느꼈다. 심한 고통과 상처를 받아 도움이 절박한 욥을 세 친구는 도리어 정죄했다. "인생이 어찌 하나님 앞에 의로우랴 사람이 하나님께 변론하기를 좋아할지라도 천 마디에 한 마디도 대답하지 못하리라"(욥 9:2-3). 그러나 사람이 어찌 하나님과 논쟁할 수 있는가? 이것이 욥의 의문이었다.

욥의 딜레마는 이것이었다. "하나님은 나처럼 사람이 아니신즉 내가 그에게 대답할 수 없으며 함께 들어가 재판을 할 수도 없고 우리 사이에 손을 얹을 판결자도 없구나"(욥 9:32-33). 욥은 중재자나 심판을 원했다. 이것이 양 당사자 사이에서 중재하는 중재자의 기본 개념이다. 완전하신 거룩한 하나님과 죄인들 사이에서 효과적인 중재자가 되려면 하나님이 어떻게 느끼고 생각하시는지를 아는 사람 즉 하나님 같은 사람이 필요하다. 또한 우리가 어떻게 느끼고 생각하는지를 아는 사람 즉 우리 같은 사람도 필요하다. 바로 이 필요를 해결하신 분이 예수 그리스도. 그래서 성경은 예수님이 하나님과 우리 사이의 중재자라고 말한다.

빌립보서 2장 9-11절에서 바울은 이렇게 말했다. "이러므로 하나님이 그를 지극히 높여 모든 이름 위에 뛰어난 이름을 주사 하늘에 있는 자들과 땅에 있는 자들과 땅 아래에 있는 자들로 모든 무릎을 예수의 이름에 꿇게 하시고 모든 입으로 예수 그리스도를 주라 시인하여 하나님 아버지께 영광을 돌리게 하셨느니라."

예수님의 낮아지심이 끝이 아니다. 하나님은 사람의 무덤에서 예수님을 끌어올려서 신-인이신 예수님을 하늘로 들어 올리셨다. 우리가 하늘에서 만날 예수님은 성육신 전의 예수님이 아닐 것이다. 우리가 만날 예수님은 부활하신 예수님 즉 신-인이시다. 예수 그리스도는 십자가에 죽기까지 자신을 기꺼이 낮추셨으나 만유의 모든 사람과 만물보다 뛰어난 분이시다.

4장

부활과 승천

고대와 근대의 역사를 보면 많은 학자와 종교지도자가 있었다. 일부는 훌륭하고, 일부는 보통이며, 일부는 시원치 않았다. 권위자들이 만든 목록을 보면 그리스 철학자 소크라테스(문답이 중심이 되는 소크라테스식 교수법 개발)와 그의 제자 플라톤이 있다. 일부 학자의 목록에는 영국의 철학자이자 사상가 존 로크가 있다. 동양 출신 학생들이라면 공자 또는 부처(깨달은 자)로 알려진 고타마 싯다르타를 말할 것이다.

이러한 지도자들은 다양한 세계관과 철학을 가르쳤으며 많은 추종자가 있었다. 일부는 신념 때문에 목숨을 버리는 과격한 행동을 하기도 했다.

그러나 이 모든 지도자와 예수 그리스도 사이에는 중대한 차이가 있다. 이 지도자 가운데 일부는 자신이 하나님을 대표한다고 했고, 일부는 자신이 하나님이라고 했지만 모두 죽어서 매장되고 사라졌다. 예수 그리스도 역시 세상적 죽음을 경험하셨다. 그러나 예수 그리스도는 사흘 째 되는 날 무덤에서 걸어 나오셨다.

부활이 없는 기독교는 아이가 사산되는 것이나 마찬가지다. 우리에게 죽은 구세주밖에 없다면 우리는 산 믿음을 가질 수 없다. 부활이 없다면 기독교 신앙은 바람직한 생활방식 정도로 전락하며 예수님은 세상에 살다가 흙으로 돌아간 위대한 스승 정도에 머무르실 뿐이다. 예수님이 죽은 자 가운데서 살아나지 않으셨다면 기독교는 하나님이 주신 진리가 될 수 없다. 예수 그리스도를 특별하게 하는 것이 바로 부활이다.

다른 종교가 여러 부분에서 기독교와 경쟁할 수 있다. 예를 들어 그들은 이렇게 말할 수 있다. "당신의 창시자가 거룩한 경전을 주었는가? 우리의 창시자도 거룩한 경전을 주었다. 당신의 창시자를 따르는 사람이 많은가? 우리도 그렇다. 사람들이 와서 당신의 신을 경배하는 건물이 있는가? 우리도 사람들이 와서 우리의 신을 경배하는 건물이 있다." 그러나 그리스도인만이 할 수 있는 말이 있다. "전부 사실이라고 해도 큰 차이가 하나 있다. 우리의 창시자는 죽음에서 살아나셨다!" 이것이 유일무이한 부활의 속성이다.

이번 장에서는 십자가의 인성과 관련하여 그리스도의 부활이 갖는 유효성, 가치, 승리를 알아보자.

부활의 유효성

우리는 조지 워싱턴(George Washington)이나 패트릭 헨리(Patrick Henry)

가 생존 인물이라는 확신을 갖고 그들에 대해 가르친다. 그들의 생애에 대한 신뢰할 만한 기록 문건이 있기 때문이다. 현대인 가운데 조지 워싱턴을 실제로 본 사람은 없다. 미국이 영국에서 독립을 쟁취할 당시에 살았던 사람도 없다. 그러나 우리는 과거의 인물과 사건을 사실로 여긴다. 문서의 신뢰성 때문이다.

예수 그리스도에 대해서도 마찬가지다. 문서가 예수의 부활을 증명한다. 부활을 입증하는 무수한 증거들을 살펴보자.

부활의 첫 번째 증거는 텅 빈 무덤이다. 부활을 의심하고 거부하는 사람들에게는 매우 심각한 문제이지만 실은 단순한 일이다. 예수님이 죽었고 죽은 채로 있었다면 왜 무덤이 텅 비었겠는가? 예수님을 대적한 원수들이 그분의 시체를 보여주었다면 기독교는 시작되기도 전에 사라졌을 것이다.

사람들은 "설명하기 쉬운 문제다. 예수의 몸이 여러 문제가 있었을 것이다"라고 말한다. 예수님의 텅 빈 무덤에 대한 여러 이론이 존재한다. 우선 기절 이론이다. 예수님이 십자가에서 죽지 않고 깊은 무의식 상태에 빠졌다는 것이다. 당시 의술이 발달하지 않아서 예수님이 죽었다고 생각하여 매장했는데, 무덤의 서늘한 기운에 예수님이 깨어났다는 주장이다. 이는 예수님이 끔찍한 상처를 툭툭 털고 일어나 몸을 감싼 수의를 벗고 로마 경비병들 몰래 돌을 옮겨서 빠져나온 뒤에 사람들에게 나타나 자신이 죽었다가 살아났다고 말했다는 설이다.

이 이론에 대한 최고의 반론은 예수님의 원수들이 보인 행동이다.

그들은 예수님이 죽었다고 확신했다. 로마 군인들은 십자가에 달린 사람들을 확실히 끝내려고 했으나 예수님이 이미 죽은 것을 확인했다. 그래도 확실히 하려고 한 군인이 창으로 옆구리를 찌르자 피와 물이 나왔다(요 19:34). 빌라도는 예수님이 죽었다는 말을 듣고 백부장에게 다시 한 번 확인시켰다(막 15:44-45).

다음 이론은 제자들이 무덤을 잘못 찾아가서 예수님이 살아났다고 말했다는 설이다. 주변이 캄캄하고 혼란스러우며, 흥분한 상태라 그들의 판단력이 흐릿했다는 주장이다. 만약 그랬다면 유대인들과 빌라도는 제자들을 올바른 무덤에 데려가서 예수님의 시체를 보여주었어야 한다.

세 번째 이론은 제자들이 예수님의 시체를 훔쳐다가 그분의 부활을 주장했다는 설이다. 그러나 이 이론은 그런 일을 방지하기 위해 빌라도가 취한 모든 조치를 전면 부정한다. 유대인들은 혹시라도 그런 일이 일어날까 싶어 빌라도를 찾아갔다. "주여 저 속이던 자가 살아 있을 때에 말하되 내가 사흘 후에 다시 살아나리라 한 것을 우리가 기억하노니 그러므로 명령하여 그 무덤을 사흘까지 굳게 지키게 하소서 그의 제자들이 와서 시체를 도둑질하여 가고 백성에게 말하되 그가 죽은 자 가운데서 살아났다 하면 후의 속임이 전보다 더 클까 하나이다 하니"(마 27:63-64). 이에 빌라도는 무덤을 지킬 경비병을 보내고 돌을 인봉하게 했다(65-66절).

평범한 제자 열한 명이 예수님의 시체를 훔치려면 중무장한 로마 군인 열여섯 명을 제압하고 1톤이 넘는 돌을 옮겨야 한다. 그뿐 아니라 로마의 공식 봉인을 제거해야 하는데 이는 사형에 해당하는 중범죄다. 설령 시체를 훔쳤다 해도 사람들에게 들키지 않도록 어디에 숨기겠는가? 만약 제자들이 그 모든 계략을 꾸몄다면 거짓임을 알면서도 생명의 위협을 무릅쓰고 부활을 주장할 이유가 어디에 있겠는가?

증거
세마포

예수님의 무덤에 먼저 도착한 제자들이 확인한 내용을 살펴보자. "세마포가 놓였고 또 머리를 쌌던 수건은 세마포와 함께 놓이지 않고 딴 곳에 쌌던 대로 놓여 있더라"(요 20:6-7). 요한으로서는 예수님의 부활을 믿을 수 있는 충분한 증거였다. 수의가 정리된 방식 때문이었다.

> 평범한 제자 열한 명이 예수님의 시체를 훔치려면
> 중무장한 로마 군인 열여섯 명을 제압해야 한다.

성경시대에는 매장할 때 한 천으로는 몸을 감싸고 다른 천으로는 머리를 감쌌다. 몸과 머리를 천으로 감쌌는데 머리는 마치 터번으로 감싸듯이 했다. 그런 다음 얼굴을 위로 한 채 무덤 안 선반 위에 시체를 두었다. 요한은 천이 놓인 방식을 눈여겨보았다. 머리를 감싼 수건은 풀려 있지 않고 여전히 감싼 모양을 한 채 놓여 있었다. 예수님이 마치 수의를 통과한 것처럼 수의가 있던 자리에 그대로 있었다. 예수님이 죽지 않았고 누군가의 말대로 살아나서 도망쳤다면 수의를 풀어헤쳤어야 한다. 천이 무덤 바닥에 쌓여 있어야 한다. 그러나 예수님은 부활한 영광스러운 몸으로 수의를 통과하셨다.

증거
제자들의 변화된 삶

부활을 입증하는 또 다른 명백한 증거는 제자들의 삶에 일어난 변화다. 베드로는 십자가에 달리신 예수님을 모른다고 세 번 부인했다. 불과 몇 주 뒤에 베드로는 "열한 사도와 함께 서서 소리를 높여"(행 2:14) 오순절에 복음을 선포했다. 베드로에게는 큰 용기가 필요한 일이었을 것이다. "너희가 법 없는 자들의 손을 빌려 못 박아 죽였으나 하나님께서 그를 사망의 고통에서 풀어 살리셨으니"(행 2:23-24). 그가 자기 생명을 위태롭게 하면서까지 거짓말을 외쳤을 리가 없다.

그 이후 베드로와 사도들은 그들이 전한 메시지 때문에 매를 맞는다. 야고보는 목숨을 잃었고 베드로는 사형을 선고받았으며 감옥에 갇혔다(행 12장 참고). 스데반이 돌에 맞아 죽을 때 현장에 있었던 사울은 그가 죽임 당하는 것을 당연하게 여겼다(행 7:58; 8:1). 사울은 그리스도인이라고 하는 새로운 분파를 제거하기로 결심한 인물이었다. 그는 열심히 교회를 박해했다(빌 3:6). 이 잔혹한 인물은 다메섹 도상에서 만난 부활하신 예수님(행 9:5)을 고백한다(고전 15:8).

부활하신 그리스도를 만난 이후 사울은 달라졌다 사도 바울이 되어 부활의 진리에 대한 확신으로 복음에 목숨을 걸었다. 그의 옛 유대인 친구들은 그리스도인이 된 그를 죽이려고 했다.

부활의 가치

예수 그리스도의 부활은 유효한 사실이며 매우 값진 일이다. 예수님의 텅 빈 무덤이 지닌 두 가지 핵심적인 유익을 살펴보자. 첫째, 성경의 신뢰성이 높아지며 둘째, 우리의 구원이 보장된다는 유익이다. 구약에서 예수님의 부활이 예언된 이후(시 16:10; 행 13:34-35) 성경은 하나님의 오류 없는 계시임이 확증되었다. 신약에서는 예수님이 직접 여러 차례 자신의 부활을 예언하셨다. "이 때로부터 예수 그리스도께서 자기가 예루살렘에 올라가 장로들과 대제사장들과 서기관들에게 많은 고난을 받고 죽임을 당하고 제삼일에 살아나야 할 것을 제자들에게 비로소 나타내시니"(마 16:21; 막 8:21; 눅 9:22).

예수님은 제자들과 예루살렘으로 가시면서 자신이 이방인들에게 넘겨지며 조롱과 채찍질을 당하고 십자가에 못 박히나 제삼일에 살아날 것이라고 하셨다(마 20:19). 부활하신 날에 천사가 무덤에 와서 막달라 마리아에게 말했다. "그가 여기 계시지 않고 그가 말씀하시던 대로 살아나셨느니라"(마 28:6). 예수님의 부활이 거짓이라면 예수님이 하신 말씀을 믿을 필요가 없다. 그러나 그분이 죽은 자 가운데서 일어나신 것이 사실이라면 그분의 말씀을 온전히 신뢰할 수 있다.

예수님의 부활은 우리의 구원을 확증한다. 예수님의 부활은 죄의 대가가 예수님의 죽음으로 치러졌다는 하나님의 영수증이자 거룩한 보증이다. 바울은 로마서 4장 25절에서 예수님이 우리의 죄 때문에 내어줌이 되고 우리를 의롭다 하기 위해 살아나셨다고 했다. 예수님이 십자가에서 "다 이루었다"(요 19:30)라고 하신 말씀은 죄의 대가가 완전히 지불되었다는 의미다. 예수 그리스도를 자신의 구세주로 믿고 영접한 사람에게 그의 구원이 확실하다는 보장은 바로 예수님의 부활이다.

오순절 설교에서 베드로는 예수님에 대해 이렇게 말했다. "하나님께서 그를 사망의 고통에서 풀어 살리셨으니 이는 그가 사망에 매여 있을 수 없었음이라"(행 2:24). 사망은 그리스도를 붙들어둘 수 없었다. 그분이 하나님이며 그분의 죽음이 죄의 권세를 끊었기 때문이다. 사람을 죽음에 붙들어둘 수 있는 유일한 힘은 죄다. 사망은 죄 때문에 존재하며 죄가 사라지면 더 이상 우리를 붙들지 못한다(고전 15:55-56).

지금까지 그리스도의 부활이 지닌 유효성과 가치를 살펴보았다. 예수님은 무덤에서 걸어 나오셔서 우리에게 개인적인 승리를 주신다.

> 예수님의 부활은 죄의 대가가 예수님의 죽음으로
> 치러졌다는 하나님의 영수증이다.

죄의 권세에 대한 승리

예수님은 부활로 우리에게 현재와 미래의 죄에 승리를 주셨다. 무덤은 더 이상 우리를 가두지 못한다. 우리도 부활의 날에 하늘에 올라 죄의 영향력에서 해방될 것이다.

그리스도의 부활은 지금 여기에서 죄에 대한 승리를 준다. 바울은 로마서 6장 1-5절에서 우리가 그리스도를 영접했을 때 그분의 죽음과 부활을 모두 포함하여 그분과 동일한 모양으로 연합한다는 중요한 설명을 했다. 그리스도가 죽은 자 가운데서 살아나셨을 때 우리도 새로운 삶의 방식으로 살아났다. 아담과의 옛 관계 때문에 우리는 그리스도와의 새로운 관계가 필요하다. 아담이 죄를 지었을 때 그가 받은 사형 선고가 우리에게 전가되었다. 그래서 모든 사람은 죄인이 되었다. 아담과의 관계는 우리에게 사망을 주었다. 사망은 모든 사람이 직면한 현실이다. 그러나 예수를 믿을 때 우리는 예수님과 연결된다. 아담을 통해 사망과 연결되었듯 예수님과 연결되면 그분의 부활 생명과 연결된다.

그러므로 우리의 삶에 우리를 제압하고 두들겨 패는 죄가 있다면, 우리가 잘못된 생각을 받아들였기 때문이다. 우리 안에 그리스도의 부활 생명이 있다는 사실이 현실이 아닌 이론으로만 머물러 있기 때문이다. 우리는 죽음이 이론이 아니라 실제인 것처럼 그리스도 안에서 우리의 새로운 삶과 죄에 대한 우리의 새로운 권세도 이론이 아니라 실제임을 기억해야 한다. 아담 안에서의 옛 삶이 아니라 그리스도 안에서의 새 삶을 받아들이면(엡 2:5), 아담 안에서 과거의 패배가 아니라 그리스도 안에서 새로운 승리를 누릴 수 있다.

우리는 이렇게 생각할 필요가 있다. "나는 과거의 내가 아니므로 과거의 방식대로 행동할 필요가 없다." 그런데 간혹 순서를 바꾸는 사람이 있다. "그래, 지금부터 이 행동을 그만두겠다." 심호흡을 하고 결심한 뒤 최선을 다한다. 그러나 아무리 굳게 다짐해도 짧으면 며칠, 길어도 몇 주면 원점으로 돌아온다. 자기 노력은 해답이 아니다. 그랬다면 당신도 진작에 달라졌을 것이다.

우리는 하나님 앞에서 이렇게 고백해야 한다. "저는 할 수 없습니다. 저는 멈출 수 없습니다. 저 스스로는 안 됩니다. 하지만 하나님이 그리스도 안에서 이 문제에 대한 승리를 이미 주셨다는 사실에 감사합니다. 그리스도가 죽음에서 살아나신 사건으로 하나님이 제게 죄를 이기고 살아갈 힘을 주셨음에 감사합니다. 제가 혼자 힘으로 하려고 할 때 반복되었던 과거의 패배가 아니라 주님이 주신 승리 안에서 믿음으로 걸어가겠습니다." 이렇게 고백할 때 그리스도 안에 있는 부활의 능력이 온전히 내 것이 될 수 있다.

예수님이 "나를 떠나서는 너희가 아무것도 할 수 없음이라"(요 15:5)라고 하신 말씀을 명심하라. 그리스도와의 연결을 날마다 현실로 경험할 때 그분의 부활이 지닌 능력과 죄에 대한 승리를 경험할 수 있다. 그리스도인의 삶에서 열쇠는 이것이다. "이 비밀은 너희 안에 계신 그리스도시니 곧 영광의 소망이니라"(골 1:27).

예수님의 승천을 통한 더 큰 승리

미국 정부는 4년마다 왕이나 여왕의 대관식에 비견할 만한 대통령 취임식을 개최한다. 정부 관리들이 취임식에 참석하려고 워싱턴 DC에 모이며 대다수의 국민이 권위를 이양하는 이 행사를 텔레비전으로 시청한다. 취임식은 신임 또는 재임 대통령이 자신이 국가의 지도자임을 공개적으로 인정하는 시간이다.

대통령 취임식은 매우 거창하다. 그러나 예수 그리스도가 부활 이후 하늘에 오르셔서 하나님 우편에 좌정하시는 예수님의 대관식에 비하면 아무것도 아니다.

십자가 이후 일어난 예수님의 승천은 매우 중요한 사건이다. 예수님이 하늘에서 구름을 타고 오신다는 말은 중요한 성경의 진리이지만 우리로서는 믿기 어려운 사실이다. 베드로는 오순절에 유대인들에게 전한 설교에서 이런 놀라운 말을 남겼다.

"이 예수를 하나님이 살리신지라 우리가 다 이 일에 증인이로다 하나님이 오른손으로 예수를 높이시매 그가 약속하신 성령을 아버지께 받아서 너희가 보고 듣는 이것을 부어주셨느니라 다윗은 하늘에 올라가지 못하였으나 친히 말하여 이르되 주께서 내 주에게 말씀하시기를 내가 네 원수로 네 발등상이 되게 하기까지 너는 내 우편에 앉아 있으라 하셨도다 하였으니"(행 2:32-35).

베드로가 인용한 시편 110편 1절은 예수님이 탄생하기 거의 천 년 전의 예언이다. 다윗은 앞을 내다보고 그리스도가 하늘에 오르고 하나님 우편에 좌정하실 것을 예언했다. 예수님의 승천은 구약에 기록된 하나님의 예언적인 말씀에 대한 중요한 확증이다.

사도행전 1장 9절에서 예수님은 올려지셨고 구름이 그를 가리어 보이지 않게 했다. 예수님은 구름 가운데서 떠나셨다. 두 천사는 예수님이 하늘로 올려지셨다고 말했다(11절). 다시 말해 예수님의 승천은 가시적이고 물리적이며 점진적으로 일어났다. 그 어떤 속임수나 신기루가 아니다. 예수님의 육신이 살아나셨듯, 그 육신이 하늘로 올려졌다. 성경은 그분의 승천을 예언했고 제자들이 있는 자리에서 예수님은 하늘로 돌아가셨다.

예수님의 승천과 사역은 우리를 향한 하나님의 뜻처럼, 성령 충만하여 역동적으로 승리하며 살기 원하는 우리에게 매우 중요하다. 최후의 만찬 자리에서 예수님은 하늘에 오르실 것을 예언하신 뒤 제자들에게 말씀하셨다. "그러나 내가 너희에게 실상을 말하노니 내가 떠나가는 것이 너희에게 유익이라 내가 떠나가지 아니하면 보혜사가 너희에게로 오시지 아니할 것이요 가면 내가 그를 너희에게로 보내리니"(요 16:7). 이는 성령을 보내시겠다는 약속이다. "그는 너희와 함께 거하심이요 또 너희 속에 계시겠음이라"(요 14:17). 예수님은 스스로 하늘에 오르심으로 성령의 사역이 시작되며 자신이 물리적으로 존재하는 것보다 성령이 오시는 것이 제자들에게 더 좋다고 하셨다.

그 이유는 무엇일까? 예수님이 세상에 계실 때는 한 번에 한 장소에 계셨다. 그래서 예수님의 도움이 절실한 상황이 생기면 있던 장소를 떠나 도움이 필요한 곳으로 가서야 했다. 그러나 성령은 그리스도인인 각 사람 안에 계시므로 우리가 어디로 가든지 우리와 함께 계신다. 그리고 전 세계 모든 그리스도인과 언제나 동일한 힘으로 동시에 존재하신다.

성령은 예수님이 구세주가 되려고 자발적으로 순종하여 인간의 육신을 입었던 것과 달리 육신의 제한을 받지 않으신다. 이것은 예수님의 승천이 지닌 이점 가운데 하나다. 예수님의 승천은 가장 귀중한 성경의 약속 가운데 하나다. 십자가에서 돌아가시기 전날 밤, 예수님은 제자들에게 말씀하셨다. "내 아버지 집에 거할 곳이 많도다 그렇지 않으면 너희에게 일렀으리라 내가 너희를 위하여 거처를 예비하러 가노니 가서 너희를 위하여 거처를 예비하면 내가 다시 와서 너희를 내게로 영접하여 나 있는 곳에 너희도 있게 하리라"(요 14:2-3). 승천은 미래와 영원을 향한 소망의 핵심이다. 예수님은 성부 하나님 곁으로 올라가신 뒤에 우리에게 약속하신 성령을 보내심과 동시에 우리가 장차 오를 하늘을 예비하셨다. 예수님이 하늘로 가셨으므로 우리도 장차 갈 곳이 있다. 그리스도가 하늘에 오르심과 같이 우리도 언젠가 이 땅을 떠나 하늘로 올라갈 것이다. 예수님이 우리를 위해 돌아오실 것이다. 승천이 사실이라면 천국도 사실이다.

승천의 성취

그리스도의 승천에서 살펴볼 또다른 측면은 성취다. 예수님이 아버지께로 가셔서 어떻게 되었는가? 예수님은 하늘에 오르사 하나님 우편에 좌정하셨다. 만유의 모든 권세가, 특히 거룩한 천사들과 사탄의 권세를 포함한 영적인 차원에 이르기까지 하나님께 굴복하게 되었다.

베드로는 이렇게 말했다. 그리스도가 "하늘에 오르사 하나님 우편에 계시니 천사들과 권세들과 능력들이 그에게 복종하느니라"(벧전 3:22). 히브리서 기자는 부활하고 승천하신 그리스도의 권세를 이렇게 설명했다. "그의 능력의 말씀으로 만물을 붙드시며 죄를 정결하게 하는 일을 하시고 높은 곳에 계신 지극히 크신 이의 우편에 앉으셨느니라 그가 천사보다 뛰어남은 그들보다 더욱 아름다운 이름을 기업으로 얻으심이니"(히 1:3-4). 그리스도가 승천하셔서 천사보다 뛰어난 자리에 계신다는 사실은 우리에게 시사하는 점이 크다.

> 승천이 사실이라면
> 천국도 사실이다.

이제 승천의 위대한 두 번째 성취를 보자. 바울은 우리도 그리스도와 동일하게 하늘에 올라서 "함께 일으키사 그리스도 예수 안에서 함께 하늘에 앉히시니"(엡 2:6)라고 했다. 우리는 그리스도와 하늘에서 함께 다스린다. 예수님의 승천과 함께 구원받은 인류는 천상의 세계에서 권위의 자리를 차지하게 되었다.

예수님의 승천으로 우리는 예수님을 섬기는 놀라운 권세를 누리게 되었다. 하늘에 오르기 전 예수님은 제자들에게 "하늘과 땅의 모든 권세를 내게 주셨으니"(마 28:18)라고 하셨다. 예수님은 제자들과 우리를 열방의 제자가 되도록 위임하셨다. 오늘날 예수 그리스도의 권세는 그분의 교회 안에 있다. "또 만물을 그의 발아래에 복종하게 하시고 그를 만물 위에 교회의 머리로 삼으셨느니라 교회는 그의 몸이니 만물 안에서 만물을 충만하게 하시는 이의 충만함이니라"(엡 1:22-23).

그리스도 안에서 우리가 지닌 영적 권세가 무한함을 알면 사탄의 그 어떤 무기도 우리를 공격할 수 없다는 것을 깨닫게 된다. 만약 사탄이 이긴다면 그리스도보다 힘이 강해서가 아니라 우리가 사탄이 승리하게 놔두었기 때문이다. 현재 당신이 어떤 일을 직면했든, 사탄이 당신에게 어떤 일을 하려고 하든 명심하라. 당신은 결코 혼자가 아니다. 하늘에 계신 대제사장이 당신을 위해 간구하며 당신에게 필요한 모든 힘을 주시도록 하늘 아버지께 간청하신다. 우리는 예수님의 죽음으로 허락된 영적 권세를 사용할 수 있다.

십자가의 인자는 부활하여 하늘에 오르고 왕위를 받으며 가장 높은 권세와 능력의 자리에서 하늘 아버지 우편에 좌정하신다. 선지자들의 예언과 온갖 예표로 알려진 모든 것이 그분으로 말미암는다. 하늘과 땅에 창조된 모든 만물과 그들의 존재가 그분으로 말미암는다.

그분은 바로 신이며 인간인 십자가의 그리스도이시다.

2부

십자가의

목적

5장

성취

미식축구 팀 그린베이 패커스(Green Bay Packers)의 전설적인 감독 빈스 롬바르디(Vince Lombardi)에 관한 일화다. 롬바르디 감독은 실망스러운 시즌 경기 결과를 맞닥뜨리고는 선수들의 경기력 문제를 해결할 필요성을 절감했다. 선수들이 본인의 기량을 충분히 발휘하지 못한다는 판단 아래 감독은 선수들을 락커룸에 모이게 했다.

"지금 우리는 무언가가 심각하게 부족합니다. 도두 기본으로 돌아가야 합니다." 그러고나서 감독은 공을 들고 이렇게 말했다. "여러분, 이게 뭐죠? 공입니다."

오랫동안 운동한 프로 선수들에게 너무 기초적인 말을 하는 게 아닌가 하는 생각이 들 것이다. 감독의 요점은 선수들이 마땅히 해야 할 수준의 경기를 보여주지 않고 있다는 말이었다. 패커스의 선수들은 경기에 임하면서도 경기의 기본을 놓치고 있었다.

이처럼 많은 그리스도인이 하나님이 자신에게 허락하신 능력만큼 살지 못한다. 예수 그리스도가 자신의 목숨과 바꾸고 우리에게 주신 풍성한 삶을 충분히 누리지 못한다. 바로 기본을 잃어버린 채 기독교 문화를 만드는 데 지나치게 많은 시간과 노력을 집중하기 때문이다. 우리는 기초를 소홀하게 여길 때가 많다.

신앙의 중심과 토대를 잊어버리면 삶의 여러 순간에 적절히 대응하기가 어렵다.

머릿속으로 예수 그리스도의 십자가를 상상하며 다음 내용을 읽어 보자. "그리스도인 여러분, 이것은 십자가입니다. 모든 것의 토대입니다. 우리의 믿음, 우리의 생각과 행동의 중심입니다."

내가 말하는 십자가는 나무 두 개를 교차시킨 형상이 아니다. 교회 첨탑의 십자가나 벽에 걸린 십자가 장식, 목에 건 십자가 목걸이도 아니다. 여기서의 십자가는 예수 그리스도의 희생적 속죄와 그 이후의 부활을 의미한다.

십자가는 결코 축소할 수 없는 신앙의 실제적 본질이다.

죄인들은 십자가를 모른다. 알았다면 십자가를 붙들었을 것이다. 많은 신자가 십자가를 모른다. 알았다면 지금과 다르게 살 것이다. 우리는 십자가를 현실에 적절히 적용하지 않고 십자가와 현실의 관련성을 깨닫지 못한다.

*우리는 십자가를 현실에
적용하지 않는다.*

십자가를 중시하지 않는 이유

우리는 십자가의 필요성을 인식하지 못하기 때문에 십자가를 온전히 이해하지 못한다. 그래서 십자가의 가치를 낮춘다. 이는 마치 숨 쉬는 것과 같다. 우리는 날마다 산소로 호흡한다. 산소를 만들거나 돈을 주고 살 필요도, 열심히 일을 해서 얻거나 찾으러 갈 필요도 없다. 산소는 언제나 우리 주변에 있다. 그래서 우리의 생명이 산소에 달려 있지만 우리는 산소에 대해 별로 생각하지 않는다. 그저 당연하게 생각할 뿐이다.

나처럼 종종 천식으로 고생하는 사람이 아니라면 대부분이 그럴 것이다. 나는 상당히 오랫동안 천식을 앓았다. 천식이 심할 때는 산소의 중요성을 더욱 절감한다. 숨쉬기 힘들 때 유일하게 의존할 수단은 산소다. 숨이 가쁘면 산소 외에는 아무것도 생각나지 않는다. 갑자기 산소의 가치가 원래의 수준으로 격상된다. 그만큼 우리의 생명은 전적으로 산소에 달려 있다.

여러 면에서 십자가도 이와 비슷하다. 십자가는 예수 그리스도가 우리를 위해 돌아가실 만큼 우리를 사랑하셨다는 증거이자 기념물이다. 벽이나 교회에 걸어두는 훌륭한 장식품이기도 하다. 그러나 우리는 십자가에 대해 거의 말하지도, 생각하지도 않는다. 십자가의 내재적 가치는 절대적이다. 십자가가 없으면 우리는 허물과 죄로 이미 죽은 목숨이다. 그러나 십자가의 본질적 가치는 우리의 머릿속에서 희미하게 자취를 감췄다. 우리의 태도가 이토록 쉽게 바뀐 이유는 십자가의 절대적인 필요성을 망각했기 때문이다.

그리스도의 십자가가 우리를 위해 성취한 것을 알아보기 전에 우리에게 십자가가 필요한 이유를 알아보자. 십자가가 필요한 이유는 첫째, 하나님의 거룩 때문이고 둘째, 율법과 그것을 지킬 수 없는 우리의 무능 때문이며 셋째, 죄의 편재성 때문이다.

하나님의 거룩

하나님의 온전함에 기초한 그분의 핵심 속성은 거룩이다. 성경이 하나님을 설명하며 세 번이나 반복한 말은 "사랑하라 사랑하라 사랑하라", "평안하라 평안하라 평안하라"가 아닌 "거룩하다 거룩하다 거룩하다"(사 6:3)이다. 바로 이 거룩한 속성 때문에 우리에게 십자가가 필요하다.

거룩이라는 말은 그 자체로 어떤 수준에 있다는 것을 의미한다. 거룩은 하나님의 초월적 본성이다. 죄와의 분리를 의미하기도 한다. 하나님이 본질적으로 거룩하시므로 의로움은 그분의 본성과 기준의 발현이다.

하나님은 인간에게 율법을 의로움의 기준으로 주셨다. 로마서 3장에서 읽었듯 율법은 계시를 통해 하나님의 거룩함을 나타낸다. 지금까지 인류가 한 일이라고는 거룩함의 기준을 낮추고 율법을 지나치게 단순화한 것뿐이다. 우리는 하나님의 핵심 본성을 무시하면서 하나님의 축복만을 원한다. 거룩에 대한 하나님의 기준을 낮추고 사람을 높임으로써 하나님을 더 이상 하나님으로 대하지 않는다.

마치 비치볼을 계속 수면 아래로 넣으려는 것과 비슷하다. 비치볼이 수면 위로 떠오르는 것을 막으려면 올라올 때마다 힘으로 눌러야 한다. 그러나 아무리 노력한들 물리 법칙 때문에 비치볼을 수면 아래 잠기게 할 수는 없다. 하나님은 그분의 거룩함 때문에 의로움의 기준을 낮추실 수 없다.

율법

우리를 향한 하나님의 거룩한 기준은 로마서에 명시되어 있다. "이제는 율법 외에 하나님의 한 의가 나타났으니 율법과 선지자들에게 증거를 받은 것이라"(롬 3:21). "죄의 삯은 사망이요"(롬 6:23). 하나님의 기준은 한 가지다. 바로 완벽함이다.

율법은 우리를 의롭게 하기 위해 주어진 것이 아니다. 오히려 율법은 우리가 얼마나 불의한지 보여준다. 율법은 거울이다. 우리는 현재의 모습을 확인하고 매무새를 고치려고 거울을 본다. 이와 연결된 진리는 다음과 같다. "그러므로 율법의 행위로 그의 앞에 의롭다 하심을 얻을 육체가 없나니 율법으로는 죄를 깨달음이니라"(롬 3:20).

율법은 결코 우리를 고치기 위해 만들어진 것이 아니다. 오히려 고칠 필요가 있는 부분을 알려주기 위해 만들어졌다. 예를 들어 차를 운전하고 가다가 시속 60킬로미터라는 표지판을 지나쳤다고 하자. 경찰이 차를 멈춰 세우고 교통 법규를 잘 준수했다고 칭찬하는 경우가 있는가? 이렇게 말이다. "토니 씨, 시속 60킬로미터를 준수해서 운전하다니 당신이야말로 최고의 시민입니다. 정말 잘 했어요." 그러나 경찰이 차를 세우는 경우는 법을 위반했을 때다. 법이나 법 집행관은 법을 잘 준수했다고 칭찬하기 위해서가 아니라 기준을 지키지 않았다는 사실을 알려주기 위해 존재한다.

마찬가지로 하나님의 율법은 우리를 의롭게 하려고 만들어진 게 아니라, 우리의 불의함을 드러내려고 만들어졌다.

요즘은 불의함을 쉽게 무시하고 넘어간다. 그 방법도 다양한데 그중 하나가 죄를 죄라고 부르지 않는 것이다. 죄에 다른 이름을 붙여서 별로 나쁘게 들리지 않고 실수처럼 보이게 한다.

그뿐 아니라 성경은 우리가 말하는 '의로운' 행동도 잘못된 동기나 의도 때문에 변질될 때가 많다고 설명한다. "무릇 우리는 다 부정한 자 같아서 우리의 의는 다 더러운 옷 같으며 우리는 다 잎사귀 같이 시들므로 우리의 죄악이 바람 같이 우리를 몰아가나이다"(사 64:6).

우리가 선하다고 생각하는 행동들은 선하지 않은 태도와 마음 때문에 지속적으로 오염된다. 우리의 자기 보호, 이기심, 교만이 동기가 되기도 한다. 예수님은 죄에 대한 새로운 시각을 제시하셨다. "또 간음하지 말라 하였다는 것을 너희가 들었으나 나는 너희에게 이르노니 음욕을 품고 여자를 보는 자마다 마음에 이미 간음하였느니라"(마 5:27-28). 예수님은 이런 말씀을 통해 죄에 대한 우리의 인식을 새로운 차원으로 인도하셨다. 하나님은 외적인 행동뿐만 아니라 우리의 마음과 내면의 동기까지 면밀히 살피신다.

누군가와 실제로 간음을 저지르는 신자들은 많지 않을 것이다. 그러나 음욕을 품고 누군가를 바라본 경우는 대부분 있을 것이다. 하나님의 관점에서는 간음하는 태도 역시 간음과 동일하다.

이 사실을 인정하고 받아들인다면 쉽게 남을 판단했던 자리에서 내려와 하나님의 관점으로 자신을 돌아볼 수 있다. 그러면 자신의 삶에 십자가와 그리스도의 구원이 얼마나 필요한지 절감하게 된다. 우리의 관점을 하나님의 관점에 맞춤으로 예수 그리스도의 십자가가 우리를 위해 성취한 일을 좀 더 명확히 깨닫는다.

성경은 직설적이다. "다 치우쳐 함께 무익하게 되고 선을 행하는 자는 없나니 하나도 없도다"(롬 3:12; 시 14:3, 53:2-3 참고). 예외는 없다. 과녁을 제대로 맞춘 사람은 없다. 하나님은 그분의 의로움이라는 기준으로 우리를 평가하신다. 우리는 그 기준을 통과하기에 역부족이다.

그것이 원죄든(롬 5:14-18), 태어나면서부터 물려받은 죄든(갈 5:17, 시 51:5) 상관없이 우리는 모두 죄인이다. 말끔한 정장을 차려 입고 신실하게 보이지만 속으로는 시기하고 질투하며 판단을 일삼는 교묘한 죄를 저지르든, 만천하에 드러난 빤한 죄를 저지르든 하나님이 보시기에는 모두 죄다. 하나님은 우리의 겉모습이 어떠한지 신경 쓰지 않으신다. 하나님은 외모가 아니라 마음을 보는 분이시기 때문이다.

예수님은 겉으로는 지나칠 정도로 깨끗해 보이는 죄인들, 즉 바리

새인들을 향해 거침없는 말을 남기셨다. "눈 먼 바리새인이여 너는 먼저 안을 깨끗이 하라 그리하면 겉도 깨끗하리라"(마 23:26).

> 하나님의 관점에서는 간음하는 태도
> 역시 간음과 동일하다.

모든 사람이 같은 정도 또는 같은 수준의 죄를 짓지는 않는다. 그러나 완전함이라는 기준 앞에서는 모두 턱없이 부족하다. 이렇게 설명할 수도 있다. 태평양 한복판에서 물속으로 뛰어들어 하와이까지 헤엄친다면 누가 얼마나 앞서는지가 중요할까? 별로 중요하지 않을 것이다. 결국에는 모두 익사하게 될 테니 말이다.

죄에 대한 인식

하나님은 왜 우리가 죄를 인식하기 원하실까? 우리의 행동만이 아니라 마음까지 감찰하는 도구로 율법을 주신 이유가 무엇일까? 자신의 죄를 알아야만 비로소 구세주의 필요성을 깨닫기 때문이다.

예를 들어 보석가게에서 다이아몬드를 보여 달라고 하면 진열장에서 다이아몬드를 꺼내 검은 천 위에 올려놓을 것이다. 점원이 다이아몬드를 보여줄 때 검은 천을 사용하는 데는 이유가 있다. 배경이 어두울수록 다이아몬드가 밝게 보이기 때문이다.

십자가의 중요성을 온전히 깨달으려면 우리가 얼마나 큰 죄인인지 명확하게 인식해야 한다. 죄에 대한 인식이 줄어들 때마다 십자가가 점점 빛을 잃는다. 그 광채가 희미해지고 힘과 영향력이 약해진다. 우리의 삶에 발휘하는 영향력도 약해진다.

그러나 우리는 예수 그리스도의 속죄 제사로 정결해졌음을 기억해야 한다.

"우리가 아직 연약할 때에 기약대로 그리스도께서 경건하지 않은 자를 위하여 죽으셨도다"(롬 5:6).

"우리가 아직 죄인 되었을 때에 그리스도께서 우리를 위하여 죽으심으로 하나님께서 우리에 대한 자기의 사랑을 확증하셨느니라"(롬 5:8).

"곧 우리가 원수 되었을 때에 그의 아들의 죽으심으로 말미암아 하나님과 화목하게 되었은즉 화목하게 된 자로서는 더욱 그의 살아나심으로 말미암아 구원을 받을 것이니라"(롬 5:10).

"그(예수)는 우리 죄를 위한 화목제물이니 우리만 위할 뿐 아니요 온 세상의 죄를 위하심이라"(요일 2:2).

"그리스도께서 하나님 곧 우리 아버지의 뜻을 따라 이 악한 세대에서 우리를 건지시려고 우리 죄를 대속하기 위하여 자기 몸을 주셨으니"(갈 1:4).

"그리스도께서도 단번에 죄를 위하여 죽으사 의인으로서 불의한 자를 대신하셨으니 이는 우리를 하나님 앞으로 인도하려 하심이라 육체로는 죽임을 당하시고 영으로는 살리심을 받으셨으니"(벧전 3:18).

십자가는 그리스도가 감당하신 속죄의 죽음을 의미한다. 하나님의 기준과 인간의 죄성을 모른다면 그리스도의 죽음도, 그로 인한 유익도 알 수 없다.

십자가의 첫 번째 성취
칭의

십자가에서 예수 그리스도는 세 가지를 성취하셨다. 그분의 죽음, 매장, 부활을 통해 우리를 의롭다고 하며 구속하고, 하나님과 화해시키셨다.

칭의는 정의와 관련이 있는 법적 개념이다. 공정성과 평등성의 개념도 들어 있다. 다만 문제는 죄의 삯이 사망이기 때문에 거룩하신 하나님 앞에 죄인들과 동등하고 공정한 판결을 받는다면 우리는 정죄를 받아야 마땅하다는 것이다. 이 사실을 아시고 하나님은 대안을 마련하셨다. 우리에 대한 그분의 분노를 그치고 그분의 조건을 충족할 방법으로 죄 없는 제물 즉 예수 그리스도께 죄를 담당시키셨다.

죄가 있는 죄인들을 법적으로 무죄가 되게 하기 위해 하나님이 마련하신 방법은 '전가'다. 하나님은 우리의 죄를 예수 그리스도께 담당시키고 그분의 의를 우리에게 부여하셨다(고후 5:21).

이는 재무 개념으로 이해할 수 있다. 성경은 죄를 청구서로 묘사한다. 주기도문에 "우리의 죄를 사하여 주시옵고"라는 구절이 있고 로마서 6장 23절에는 "죄의 삯은 사망이요"라는 구절이 있다.

신용카드 사용액이나 자동차와 주택 구매를 위해 대출한 돈을 은행에 갚아야 하는 사람이 있는가 하면 대출금을 청산한 사람도 있다. 그러나 우리는 모두 하나님께 갚아야 할 빚이 있다. 하나님의 기준은 협상이 불가능하다. 하나님은 우리를 기분 좋게 하려고 자신의 기준을 낮추시는 법이 없다. 오히려 그분의 언약적 사랑으로 그분의 독생자를 통한 의로움의 전가라는 칭의의 수단으로 우리 죄를 덮으신다. "하나님이 죄를 알지도 못하신 이를 우리를 대신하여 죄로 삼으신 것은 우리로 하여금 그 안에서 하나님의 의가 되게 하려 하심이라"(고후 5:21).

십자가에 대해 말할 때 우리는 우리 죄를 담당하신 예수님에 대해 말한다. 물론 그분이 하신 일이다(벧전 2:24). 그러나 예수님은 그보다 더한 일도 하셨다. 앞에서 본 말씀에서처럼 예수님은 죄가 되셨다. 문자 그대로 번역하면 "하나님이 죄를 알지도 못하신 이를 죄가 되게 하셨다." 예수님이 곧 죄였다.

예수님은 33년 동안 죄로 가득한 환경에 사셨다. 날마다 죄에 노출되었으나 하나님의 완전한 아들이셨다. 예수님은 지상에 사는 동안 율법의 요구를 완전히 이루셨다(마 5:17; 롬 10:4). 그러나 십자가에서 예수님은 죄가 되셨다.

현재 지구상에 70억 명이 산다는 사실을 생각하면 정말 대단한 일이다. 현재 지구에 사는 사람들의 수와 태초부터 지구상에 산 사람들의 수가 같다고 생각해 보자. 두 인구를 합치면 140억 명이다. 무수히 많은 죄를 온갖 방법으로 저지른 사람들이 140억 명이라는 말이다. 사람 수도 많지만 죄의 수도 엄청나다.

140억 명의 모든 죄와 아직 태어나지 않은 사람들의 죄, 그들이 한 일과 그들이 하고 싶어 했거나 하려고 생각한 일, 그들의 동기와 행동까지 전부 합산한 죄를 지고 예수 그리스도가 십자가에 달리셨다. 140억 명의 행동과 생각을 포함한 모든 죄가 십자가에 달리신 예수님께 전가되었다. 아직 태어나지 않은 사람들의 죄와 사람들이 아직 저지르지 않은 죄까지 취합하여 예수 그리스도께 전가됨으로써 그들이 의롭다 함을 얻었다.

그 순간이 얼마나 끔찍했을까? 우리는 십자가의 고통을 생각할 때 그분의 등을 쳤던 아홉 가닥 채찍과 그분의 머리를 찌른 가시 면류관, 그분의 손과 발에 박힌 못을 떠올린다. 물론 그것만으로도 지극히 고통스러웠을 것이다. 그러나 예수님이 하늘을 향해 "나의 하나님 나의 하나님 어찌하여 나를 버리셨나이까"(마 27:46)라고 부르짖던 순간의 고통에 비할 수 있을까?

그때 예수님은 죄가 되셨다. 예수님이 성부 하나님을 향해 어찌하여 자신을 버리셨냐고 외치신 그때 삼위일체의 연합이 중단되었다. 십자가에서 전 세계의 모든 죄가 예수 그리스도께 전가되었을 때 성부 하나님은 독생자에게서 등을 돌리셨다. 마치 "지옥에 가라"라고 하시는 듯했다. 그도 그럴 것이, 예수님이 죽고 바로 그곳에 가셨기 때문이다.

이것이 십자가의 고통이다. 이것이 예수님이 우리 대신에 치르신 대가다. 우리의 이해를 뛰어넘는 일이다. 우리에게 천국을 경험하게 하시려고 예수 그리스도가 지옥을 경험하셨다.

우리는 모두 죄인이지만 그리스도를 통해 죄를 용서받고 영생을 선물로 받는다고 믿을 때, 우리의 빚을 청산할 그리스도의 의라는 신용을 얻었다.

> 우리는 모두 죄인이지만 우리의 빚을
> 청산할 그리스도의 의라는 신용을 얻었다.

고통과 수치의 십자가에서 우리는 최고의 희생적 사랑을 확인한다. 십자가 때문에 우리는 하나님 앞에서 결코 죄를 짓지 않은 것처럼 의로운 자로 설 수 있다. 우리는 죄인이지만 그리스도를 통한 죄의 용서와 영생의 선물을 신뢰할 때 우리의 빚을 청산할 신용을 얻었으며 그 신용은 곧 그리스도의 의다.

칭의는 우리가 범죄했음에도 무죄라고 인정해주는 법적 선언이다.

하나님이 우리의 계좌에 의로움이라는 대가를 은혜의 선물로 주셨기 때문이다. 바울은 "그리스도 예수 안에 있는 속량으로 말미암아 하나님의 은혜로 값없이 의롭다 하심을 얻은 자 되었느니라"(롬 3:24)라고 했다. 은혜는 우리가 스스로 할 수 없는 것을 하나님이 우리를 위해 하시고 그분의 임재 안에서 우리를 의롭게 하는 그분의 선하심이 무궁무진하게 공급되는 것이다.

십자가의 두 번째 성취
구속

칭의는 예수님이 십자가에서 하신 구속 행위로 일어난다. 성경에서 구속이라는 말은 주로 노예제도와 연결되어 쓰였다. 성경시대에 노예들은 돈을 주고 자유를 살 수 있었다. 스스로 자유를 취득하든지 누군가가 돈을 지불해줌으로써 구속을 얻었다. 구속은 대가를 지불하고 구입한다는 말이다. 우리를 위한 구원의 대가는 예수 그리스도의 보혈이다. 예수님은 십자가를 통해 죄라는 노예 시장에서 우리를 구속하셨다.

로마서 3장 24절의 "속량"(구속)에 해당하는 헬라어가 '아폴리트로시스'(apolytrosis)이다. '라이트론'(lytron)과 '아포'(apo)가 결합된 단어다. '라이트론'은 돈 즉 몸값을 내고 풀려남을 의미한다. 다른 어근인 '아포'는 분리를 의미한다. '아포'가 붙으면서 최종적인 구속 즉 둘 사이의 결합을 끊고 거리를 만드는 분리를 의미한다.

유대민족이 지킨 속죄일에 이 분리가 일어났다. 대제사장이 염소를 잡아서 드리는 피의 제사는 이스라엘 민족의 죄에 대한 제사를 의미한다. 이어서 대제사장은 자신의 손으로 다른 염소 즉 속죄 염소를 안수했다. 레위기 내용을 보자.

"아론은 그의 두 손으로 살아 있는 염소의 머리에 안수하여 이스라엘 자손의 모든 불의와 그 범한 모든 죄를 아뢰고 그 죄를 염소의 머리에 두어 미리 정한 사람에게 맡겨 광야로 보낼지니 염소가 그들의 모든 불의를 지고 접근하기 어려운 땅에 이르거든 그는 그 염소를 광야에 놓을지니라"(레 16:21-22).

방법은 매우 명확하다. 염소를 아사셀이라는 산의 광야에 풀어놓으면 된다. 아사셀은 '험한, 강한'이라는 의미다. 그러나 그 이후 떠도는 염소와 마주치거나 염소가 돌아오는 경우도 있었는데, 염소의 머리 끝에 홍색 실을 묶었기 때문에 쉽게 알아볼 수 있었다. 기록에 따르면 이스라엘 백성은 속죄 염소가 떠돌다가 돌아오면 염소를 아사셀로 끌고 가서 아래로 떨어뜨려 죽음 즉 최종 '아포'(분리)를 만든다.

'라이트론'은 하나님 앞에서 범한 죄에서의 구속을 보장한다. '아포'는 죄의 형벌이 두 번 다시 돌아오지 않는다는 것을 의미한다. 형벌이 저 멀리 가버려 분리되었기 때문이다. '아폴리트로시스'는 예수 그리스도가 십자가에서 행하신 완전하고 총체적이며 최종적인 구속이다. 십자가에서 예수님은 죄의 형벌에 대한 몸값을 치르셨고 동이

서에서 먼 것 같이 우리의 죄의 형벌을 멀리 옮기셨다(시 103:12).

십자가의 세 번째 성취
화목

칭의와 구속에 이어 십자가에서 우리를 위해 일어난 세 번째 성취는 화목이다. 로마서 3장 25절은 "이 예수를 하나님이 그의 피로써 믿음으로 말미암는 화목제물로 세우셨으니"라고 말한다. 불의에는 자동적으로 하나님의 진노가 임한다. 바로 그분의 거룩함 때문이다. 바울은 로마서에서 이렇게 말했다. "하나님의 진노가 불의로 진리를 막는 사람들의 모든 경건하지 않음과 불의에 대하여 하늘로부터 나타나나니"(롬 1:18).

하나님의 진노를 어떻게 풀 수 있을까? 오직 화목 즉 '만족시키고 달래며 속죄함'으로 가능하다. 그리스도는 화목제물이 되셨다.

화목에 대한 예표는 유월절 사건이다. 죽음의 천사가 애굽에 있는 모든 장자의 목숨을 빼앗으려고 왔다. 이 최종 재앙을 내리기 전에 하나님은 이스라엘 백성에게 흠 없는 어린 양을 잡아서 그 피를 집 문설주에 바르라고 하셨다. 천사는 어린 양의 피를 보고 그 집을 넘어가 장자를 살려두었다. 어린 양의 피라는 회유물 때문에 하나님의 심판이 임하지 않은 것이다. 화목제물이 거룩한 하나님의 마음을 만족시켰다. 피가 없으면 회유가 없다. 회유책을 쓰지 않은 가정에는 하나님의 진노가 고스란히 임했다.

화목제물의 개념이 나온 또 다른 예는 아들의 할례에 대한 명령을 따라야 했던 모세와 십보라의 사건이다. 하나님이 할례를 명하셨지만 모세는 아들에게 할례를 행하지 않으려고 했다. 진노하신 하나님은 모세를 심판하려고 오셨다. 그러나 십보라가 개입하여 아들의 포피를 베자 하나님이 진노를 멈추고 거두셨다(출 4:24-26). 하나님과 사람 사이에 누군가가 개입한 덕분에 하나님의 진노가 누그러졌다.

십보라의 행동은 두 가지를 알려준다. 첫째, 하나님의 진노는 되돌릴 수 있다. 둘째, 누군가가 다른 사람 대신에 개입하여 행동해야 한다. 이것이 바로 예수 그리스도가 십자가에서 우리를 위해 하신 일이다. 예수님은 우리의 죄와 온 세상의 죄에 대한 화목제물이 되심으로 하나님의 진노가 우리에게 떨어지지 않게 하고 스스로 그 진노를 감당하셨다(요일 2:2).

예수 그리스도는 십자가에 달림으로 우리가 받을 심판을 대신 당하셨다. 그리스도의 십자가를 붙드는 사람에게는 진노하신 하나님의 화염이 임하지 않는다. 예수님은 죄에 대한 형벌을 제거하고 하나님의 진노를 해결하셨다. 예수님이 화목제물 되심으로 영생과 놀라운 구원을 우리에게 주셨다.

6장

신분

한 남자가 정신과 상담 예약을 하며 자신에게 심각한 문제가 있다고 접수처에 말했다. 며칠 뒤에 남자는 아늑하고 군더더기 없이 깔끔한 진료실에 앉아 의사를 조심스럽게 바라보았다.

의사는 환자의 눈을 보고 고개를 끄덕이며 계속 말하라고 신호를 보냈다.

"선생님, 뭔가가 잘못되었어요." 남자가 불쑥 내뱉었다.

"무엇이 잘못되었나요?" 추가 정보를 얻기 위해 의사가 질문했다.

"슈퍼마켓에 갈 때마다 개 사료에 끌려요. 개 사료가 있는 곳에만 가면 마음이 편해요. 사실 저는 개 사료 먹는 것을 좋아해요."

의사는 자세를 고쳐 앉고는 남자의 문제를 좀 더 알아보기 시작했다. "이 일로 고민한 지 얼마나 되셨습니까?" 의사가 차분하게 질문했다. 그러자 남자가 대답했다.

"제가 강아지였을 때부터요."

이처럼 자신을 어떻게 인식하느냐에 따라 우리가 추구하는 것이 달라진다. 자신을 강아지라고 생각하는 사람은 개 사료를 원하는 게 당연하다. 우리의 정체성은 우리의 행동, 습관, 사고방식에 매우 큰 영향을 준다.

오늘날 많은 그리스도인이 자신이 누구인지 혼란스러워한다. 이는 어떻게 행동해야 하는가에 대한 혼란으로 이어진다. 우리가 지금 이렇게 행동하는 이유는 스스로를 그렇게 인식하고 있기 때문이다. 자기 인식이 부정확하면 행동도 잘못된 방향으로 향할 수밖에 없다.

우리는 자신이 누구인지를 제대로 알지 못한 채 행동만 바꾸고 싶어 한다. 순서가 잘못되었다. 어느 그리스도인이 "나는 중독자다"라고 말하고 중독적인 모습을 보이는 것은 그리 놀라운 일이 아니다. 자신이 말한 그대로 행동했기 때문이다. 이처럼 우리의 자아정체성은 우리의 행동에 영향을 끼친다. 생각은 행동에 영향을 준다.

국내 최고 시설의 마약중독재활센터에서 근무하는 친구의 이야기를 들은 적이 있다. 그곳에서는 환자들의 중독을 극복하기 위해 성경만을 사용한다. 자신이 누구인지에 대한 진리의 말씀과 우리를 사랑하시는 하나님의 능력을 묵상하고 암기한다면 승리의 삶을 사는 데 필요한 모든 것을 보유한 것이다. 생각은 매우 강력하다. 모든 패배와 성공이 생각에 달려 있다.

하나님이 우리에게 예비하신 위대함에 도달하려면 주어진 상황에 안주하지 말고 먼저 우리의 생각을 바꿔야 한다. 특히 그리스도의 십자가에 대한 생각을 바꿔야 한다. 앞에서 살펴보았듯 예수 그리스도의 십자가는 2천 년 전과 마찬가지로 오늘날에도 관련이 있다. 십자가는 매년 돌아오는 부활절에만 기념하는 성상이 아니다. 신자로서 우리의 성공은 십자가로 정의된다. 우리의 기준과 정체성의 토대도 십자가다.

그리스도인으로서 우리가 누구이며 하나님이 우리를 어떤 사람이 되도록 계획하셨는지에 대한 설명을 갈라디아서 2장 20절에서 찾을 수 있다. 개인적으로 이 말씀은 내 '인생 말씀'이다. 나는 매일 아침 발을 땅에 딛기 전에 이 말씀을 암송하면서 내가 누구이고 오늘 하루를 어떻게 살아야 하는지 되새긴다. 이 말씀을 살펴보기 전에 전후 문맥을 보자. 갈라디아서 2장 11절부터 시작되는 말씀에서 사도 베드로는 이방인과 함께 햄샌드위치와 돼지곱창, 족발을 먹었다. 유대인들이 잘 어울리려고 하지 않는 사람들과 함께 자신이 먹지 않는 음식(돼지고기)을 먹었다. 하나님이 돼지고기가 부정하지 않다고 꿈으로 알려주셨기 때문이다(행 10:10-16, 24-29 참고). 그런데 식사하는 자리에 유대인 형제들이 나타났다. 유대인들이 불편하게 여길까 염려한 베드로는 이방인들과 함께 있던 자리를 떠났다. 동료들이 주는 무언의 압력에 몸을 낮춘 것이다.

그 사실을 알고 바울이 베드로 앞에 선다. 베드로에게는 "책망 받을 일"(갈 2:11)이 있었다. 베드로가 그리스도인이 아니거나 구원 받지 않았다는 문제가 아니다. 문제의 핵심은 베드로가 그의 믿음대로 행동하지 않은 것이다. 그는 자신이 속한 문화를 따라 행동했다. 바울의 지적에서 그 사실을 알 수 있다. "그러므로 나는 그들이 복음의 진리를 따라 바르게 행하지 아니함을 보고"(갈 2:14).

다시 말해 바울이 보기에 베드로와 그의 친구들이 따른 사회적 결정(함께 식사할 대상)은 복음적인 신앙의 기준으로 정의된 것이 아니었다. 그들은 일상생활에서 전하는 복음의 메시지와 증거를 왜곡했다. 사회적 문제를 일으키는 신앙과 신학의 문제가 있었다. 모든 사회적, 경제적, 가족적, 정치적, 개인적 문제의 뿌리를 찾아보면 신앙과 신학 문제와 직결된다. 오늘날 우리의 문제는 사회나 신앙 문제에 적절히 개입하기를 거부하는 것과 아예 무관심한 것이다. 우리는 우리의 믿음을 타협하지 말고 세상을 향해 나아가야 한다. 십자가를 온전히 인식하지 못하면 예수 그리스도와의 관계에서 누릴 수 있는 능력을 상실한다.

십자가와 정체성

예수 그리스도를 자신의 구세주로 영접하면 십자가에 달려 죽는 일이 일어난다. 예수님의 십자가와 우리의 십자가라는 두 번의 십자가 형이다. 바울은 갈라디아서 2장 20절에서 베드로와 우리에게 능력과 목적의 삶을 사는 비결을 말한다. "내가 그리스도와 함께 십자가에 못 박혔나니 그런즉 이제는 내가 사는 것이 아니요 오직 내 안에 그리스도께서 사시는 것이라 이제 내가 육체 가운데 사는 것은 나를 사랑하사 나를 위하여 자기 자신을 버리신 하나님의 아들을 믿는 믿음 안에서 사는 것이라."

십자가에서 두 번의 죽음이 일어났다. 역사적으로 2천 년 전에 일어난 십자가 죽음은 영적인 영역에서 우리가 예수 그리스도를 구세주로 영접한 순간 다시 한 번 일어난다. 이로써 신혼적이고 실제적인 연합이 일어난다. 우리가 아는 한 가장 중요한 성경의 실제 적용이 바로 이것이다. 생명, 승리, 능력과 관련된 모든 것의 열쇠는 갈라디아서 2장 20절에 계시된 진리 안에 있다.

예수 그리스도를 구세주로 영접할 때 법적 거래가 체결된다. 예수님이 친히 치르신 보혈의 제사 때문에 우리는 의롭다 칭함을 받고 그분과 하나가 된다. 두 사람이 결합하여 육체적 친밀함 가운데 '한 몸'이 되는 결혼과 비슷하다. 결혼 생활의 문제는 한 사람이나 두 사람이 모두 '한 몸'이 아닌 상태로 살고 싶어 할 때 발생한다.

신앙생활의 갈등도 비슷한 문제로 일어난다. 그러나 예수 그리스도는 완전하고 죄가 없는 하나님이시기 때문에 우리가 그분에게서 멀리 있으려고 할 때에만 분리가 일어난다.

일단 하나님의 가족이 되면 그리스도와 하나 된 새로운 피조물이 된다. 그러나 우리는 우리의 자기중심적인 생각, 행동, 두려움, 근심, 욕망을 그대로 갖고 새로운 관계를 시작한다. 우리는 그리스도와 연합하기 전에 우리가 알고 경험했던 지식에 의존하는 경향이 강하다. 부모의 영향력과 보살핌 아래 20년 넘게 성장한 자녀가 배우자에 대한 순종으로 정체성을 전환하는 것은 쉽지 않은 일이다. 이런 경우 부부 사이에 갈등이 생긴다. 기존의 생각, 행동, 믿음을 가지고 예수 그리스도와의 관계를 시작하는 경우에도 당연히 갈등이 생긴다.

예수 그리스도와 함께 십자가에 못 박힌 사람에게는 자신과 사람들, 상황, 삶에 대한 새로운 기준이 주어진다. 나는 아침에 약간의 크림이나 우유를 커피에 부어 마신다. 크림을 잘 저으면 커피와 크림이 하나가 된다. 일단 젓고 나면 커피와 크림을 분리할 방법이 없다. 그런데 많은 신앙인이 하는 행동을 보면 구원을 받아서 예수 그리스도와 한 몸이 되었는데도 자신의 생각, 행동, 선택, 결정, 그 외 삶의 모든 부분에서 예수 그리스도와의 분리를 시도한다. 여전히 한 몸인데 말이다. 결국 상황은 엉망이 되고 막대한 시간과 노력만 낭비하게 된다.

날마다 죽는 자아

바울은 사도들에게 십자가와의 연합을 극대화하는 비밀을 전한다. 그 비밀은 바로 "나는 날마다 죽노라"(고전 15:31)이다. 십자가에 달리는 것은 죽음을 의미한다. 바울은 죽음이 날마다 일어나야 한다고 말한다. 여기서 죽음은 우리의 욕구, 생각, 동기를 버리고 그분의 욕구, 생각, 동기를 선택하는 것을 뜻한다. 우리는 자아에 대해 죽음으로써 진실하게 사는 능력을 얻는다. 자원하여 삶을 내려놓고 주 예수께 순복할 때, 우리의 뜻 대신 주님의 뜻을 선택할 때, 우리 안에 예수님의 생명이 임한다. 우리의 뜻을 하나님의 뜻으로 바꾸고 우리의 선택을 하나님의 선택으로 바꾸는 일은 의식적인 결정이다. 이 순복 안에서 우리는 예수 그리스도의 죽음과 부활을 통해 우리에게 약속된 풍성한 생명을 경험한다(요 10:10).

많은 사람이 이러한 순복의 과정을 거치지 않은 채 어째서 왜 자신이 하나님의 모든 약속을 경험하지 못하는지 의구심을 갖는다. 우리는 구원의 순간 예수님께 죽었으나 매일의 선택 속에서 우리 자신을 위해 산다. 이미 우리의 것인 승리를 누리지 못하고, 어째서 지속적으로 패배하는지 의문을 품는다. 그러나 십자가의 죽음 없이는 부활도 없다. 순복 없이는 기적도 없다.

우리는 다양한 가전제품을 사용한다. 각 제품마다 용도가 다르다. 냉장고는 음식을 시원하게 보관한다. 스토브는 음식을 데운다. 토스터기는 빵을 굽는다. 병따개는 병뚜껑을 연다. 그런데 가전제품에는 한 가지 공통점이 있다. 바로 스스로 작동하지 못한다는 것이다. 우리가 구입한 가전제품은 우리의 필요를 위해 존재한다. 제 기능을 하지 않으면 더 이상 집에 놔둘 이유가 없다.

우리가 가전제품을 구입한 이유는 그로 인한 혜택 때문이다. 구입의 목적은 구매자를 유익하게 하는 것이다.

당신은 예수 그리스도의 보혈이라는 값을 주고 산 사람이다(고전 6:20). 당신은 자신이 아니라 구매자를 위해 존재한다. 자신이 자신을 위해 존재한다고 생각하는 순간, 자신의 정체성을 상실하게 된다. 그러면 여기 존재하는 이유도 잃어버리게 된다. 이런 사람은 그리스도인에게 예정된 삶을 경험할 수 없다. 당신이 자신을 위해 존재하는 것이 아님을 깨닫기 전까지는 당신에게 부여된 모든 능력을 결코 깨달을 수 없다. 당신이 자신만을 위해 사는 한, 십자가에서 예비된 모든 것은 결코 당신의 것이 되지 않는다. 2천 년에 일어난 역사적 사건인 십자가를 매일 경험하는 인생 최고의 순간을 누릴 수 없다.

> 당신이 자신만을 위해 사는 한, 십자가에서
> 예비된 모든 것은 결코 당신의 것이 되지 않는다.

바울에게 오늘의 계획이 무엇인지 물으면 아마 이렇게 대답할 것이다. "나는 계획이 없습니다. 죽은 사람에게는 계획이 없는 법입니다." 그러나 "바울 씨, 당신을 향한 하나님의 계획이 무엇입니까?"라고 물어본다면 이렇게 대답할 것이다. "아, 그 문제에 대해 한번 이야기해봅시다." 바울은 자신의 생각을 하나님의 생각에 맞췄다. 하나님의 뜻이 바울의 뜻이었다. 그는 하나님의 얼굴과 뜻을 구하는 일을 자신의 삶에서 가장 중요하게 여겼다.

바울은 제대로 알았다. 그는 그리스도의 십자가와 동일시하는 것이 무엇인지 알았기 때문에 그리스도 예수 안에서 자신에게 예비된 모든 것을 받을 수 있었다.

등, 바, 장대

십자가와 동일시하는 것을 이해하는 열쇠는 갈라디아서 2장 20절에서 찾을 수 있다. 바울은 "이제 내가 육체 가운데 사는 것은 나를 사랑하사 나를 위하여 자기 자신을 버리신 하나님의 아들을 믿는 믿음 안에서 사는 것이라"라고 했다. 흠정역에는 "나는 하나님의 아들의 믿음으로 산다"라고 되어 있다. 여기서 "-의"(of)가 좀 더 원문과 가까운 번역이다. 이로써 우리가 승리하는 삶을 살기 위해 어떻게 해야 하는지도 더욱 명확해진다. 바울이 하나님의 아들의(of) 믿음으로 산다는 말은 예수님에 대한 바울 자신의 믿음이 아니라 예수님에 대한 예수님의 믿음을 믿음으로 날마다 산다는 말이다.

조금 이상하게 들리겠지만 여기에는 심오한 진리가 담겨 있다. 우리는 예수 그리스도만을 믿는 것이 아니라 예수님 자신에 대한 예수님의 믿음을 믿어야 한다. 예수님이 스스로에게 가지셨던 완전한 신뢰를 우리가 완전히 신뢰해야만 예수님을 의지할 수 있다.

아이에게 목마를 태운 적이 있는가? 그때 아이는 무엇을 믿을까? 아이는 당신만을 믿는 게 아니라 당신이 스스로에게 가진 신뢰까지 믿는다. 당신이 자신에게 가진 신뢰를 믿는 것이다. 아이들은 "저를 잘 붙잡고 있어요?"라고 묻는다. 다시 말해서 당신의 아이는 "저를 붙잡고 있는 것을 스스로 믿으시지요?"라고 질문하는 것이다. 아이들에게 의심이 생기더라도 당신이 자신을 믿는다면 아이들은 당신의 그 믿음을 믿는다.

당신이 풍성한 삶을 누리는 비결은 예수님에 대한 당신의 믿음이 아니다. 예수님이 스스로를 믿으시는 그 믿음을 믿는 당신의 믿음이다. 자신에게 믿음이 얼마나 있는지 걱정하지 않아도 된다. 가치 있는 것에 믿음을 두면 적은 믿음으로도 많은 것을 이룰 수 있다. 예수님은 겨자씨만 한 믿음이라도 믿음이 있으면 산을 옮길 수 있다고 하셨다. 중요한 것은 믿음의 크기가 아니라 믿음의 대상이다. 이것이 열쇠다. 작은 것에 대해 큰 믿음을 가지면 무언가를 이루기 어렵다. 그러나 큰 것에 대해 작은 믿음을 가지면 모든 것을 충분히 이룰 수 있다.

예수님에 대한 우리의 믿음이 작더라도 예수님 그분에 대한 예수님의 믿음이 크시기 때문에 우리는 놀라운 일을 할 수 있다. 당신에게 믿음이 얼마나 있는지를 염려하지 마라. 오히려 당신이 무엇에 믿음을 두고 있는가를 생각하라. 당신을 붙잡고 계신 예수님을 신뢰하고 그분의 등에 오르라.

2미터를 뛰어넘기 위해 노력하는 높이뛰기 선수가 있다고 하자. 그는 몸을 뒤로 젖혔다가 자세를 잡고 달려 나간 뒤에 발을 구르고 최대한 높이 뛰려고 힘껏 점프한다. 높이뛰기 선수는 자신이 할 수 있다고 믿으며 그 믿음만큼 뛴다. 바를 건드리면 다시 출발점으로 돌아가 더 힘껏 노력한다.

장대높이뛰기 선수가 뛰어넘어야 하는 바는 훨씬 높다. 높이뛰기 선수가 뛰는 높이의 두 배가 넘는다. 장대높이뛰기 선수에게는 장대에 대한 신뢰가 필요하다. 바를 뛰어넘기에 충분한 강도와 탄성이 장대에 있다는 믿음 말이다. 선수는 자신보다 손에 쥔 장대를 신뢰한다. 그 믿음 때문에 맨몸보다 훨씬 높고 멀리 뛰어오를 수 있다.

오늘날 너무 많은 그리스도인이 혼자 힘으로 해내려고 안간힘을

쓴다. 어쩌면 당신도 그럴 것이다. 최선을 다해 빨리 달리고 최선을 다해 높이 뛰며, 최선을 다해 열심히 일한다 해도 예수 그리스도의 십자가에 자신이 붙들렸다는 사실을 신뢰할 때만큼 멀리 가지 못한다. 예수님의 십자가를 붙잡을 마음이 있는가? 예수님께서는 우리가 뛰어오를 수 있는 것보다 훨씬 더 높이 우리를 끌어올리실 능력과 의지가 있다. 그러나 믿음이 필요하다. 의존이 필요하다. 자신과 세상, 친구처럼 예수님을 대신하는 그 무엇이 아니라 날마다 예수님과 당신을 동일시해야 한다.

그렇게 해도 후회하지 않을 것이다. 바울은 날마다 친밀함 속에 예수 그리스도와 동등 됨을 경험하고, 십자가의 의미를 자신의 것으로 받아들여 빌립보 교회에 보내는 편지에서 이렇게 고백할 수 있었다. "내게 능력 주시는 자 안에서 내가 모든 것을 할 수 있느니라"(빌 4:13).

대부분의 그리스도인이 이를 멋진 말씀 정도로만 여긴다. 진부하지만 인용하거나 듣기 좋다고 생각한다. 그러나 이 말씀을 문자 그대로 믿고 자신의 삶을 예수 그리스도와 온전히 동일시하여 그분의 능력을 온전히 경험하는 신자들을 거의 보지 못했다.

그러나 바울에게는 이것이 허울뿐인 말이 아니었다. 그는 자신이 혼자 힘으로 할 때보다 더 높이 뛸 수 있는 장대에 자신이 연결되었다는 것을 알았다. 바울이 얼마나 높이 올랐느냐 하면 그는 세 번째 하늘까지 다녀왔다(고후 13:1-2 참고). 이것은 정말 높이 오른 것이다. 바울이 엄청난 믿음이 있었기 때문이 아니라 예수님 그분의 믿음을 바울이 믿었기 때문이다. 바울은 자신 안에 있는 그리스도 곧 우리 안에 있는 그리스도가 승리의 믿음을 주신다고 말한다.

초자연적으로 행하는 방법
너희 안에 계신 그리스도

바울은 골로새 교회에 보내는 편지에서 이렇게 말한다. "하나님이 그들로 하여금 이 비밀의 영광이 이방인 가운데 얼마나 풍성한지를 알게 하려 하심이라 이 비밀은 너희 안에 계신 그리스도시니 곧 영광의 소망이니라"(골 1:27). 자신이 사역하고 격려하는 신자들을 향한 바울의 목표는 그들의 육신에서 그리스도가 나타나는 것이었다. 예수 그리스도가 신자의 삶에 나타날 때 그 신자는 자연적이 아니라 초자연적으로 행동하기 시작한다. 그리스도 안에 거할 때 성경이 약속한 형통한 삶을 누리게 된다.

그렇다면 예수 그리스도가 삶에서 드러나지 못하도록 가로막는 것은 무엇일까? 우리가 날마다 우리 자신에게 죽지 않는 것, 그리스도와 함께 지속적으로 십자가에 못 박히지 않는 것이다. 이것이 하나님이 우리에게 예비하신 초자연적인 권능과 승리를 경험하지 못하도록 가로막는 최대의 장애물이다.

우리 자신만을 위해 살고 십자가를 먼 과거의 일로 여기는 한 우리는 결코 우리에게 예정된 삶을 최대한으로 살지 못한다.

규칙에 의해 우리와 예수님의 십자가를 동일시할 수는 없다. 오히려 십자가는 규칙을 끝내고 그것을 관계로 바꾸었다. 지켜야 하는 규칙 목록을 점검하는 방법으로는 십자가의 능력이나 승리를 얻을 수 없다. 예수님 그분과 예수님이 하신 일에 대한 예수님의 믿음을 경외하고 신뢰하는 사랑을 통해서만 승리를 얻을 수 있다.

십자가만으로는 충분하지 않다고 말하는 사람들이 있는데 이는 십자가가 성취한 일을 축소하는 행위다. 십자가에 무언가를 추가하는 것 즉 행위, 자기 의, 의무를 추가하는 일은 우리를 향한 그리스도의 온전한 사랑을 폐기하는 것이다. 이는 십자가에 침을 뱉는 행위다. 그리스도인의 삶에 대해 너무 심하게 말한다는 생각이 들지도 모르지만 십자가는 당신을 위해 이미 모든 것을 성취했다. 거기에 무언가를 추가하는 일은 예수님이 이미 하신 일을 축소하는 것과 같다. 바울은 그리스도와 함께 십자가에 못 박혔다는 말씀에 이어 이렇게 고백한다. "내가 하나님의 은혜를 폐하지 아니하노니 만일 의롭게 되는 것이 율법으로 말미암으면 그리스도께서 헛되이 죽으셨느니라"(갈 2:21). 무언가를 "폐한다"는 말은 무효화한다는 뜻이다. 우리가 예수 그리스도와의 관계보다 종교를 추구할 때 그리스도의 십자가가 우리를 위해 이미 성취한 하나님의 은혜를 무효화하게 된다.

하나님은 우리에게 한없는 은혜를 부어주신다. 예수님이 십자가에서 하신 일 때문이다. 그리스도가 우리 안에 계신다는 이유 하나만으로 우리에게는 소망이 있다. "너희 안에 계신 그리스도시니 곧 영광의 소망이니라"(골 1:27). 하나님의 권능과 은혜가 우리 삶에 흐르기 원한다면 우리의 초점을 그분께 두어야 한다. 십자가를 향해야 한다.

날마다 그분의 십자가에서 우리의 정체성을 발견해야 한다.

안타깝게도 현대 기독교에는 예수님을 친밀하게 아는 그리스도인이 드물다. 예수님과 삶이 연결되어 있지 않기 때문에 그분과 거리도 멀다. 법적 관계는 형성되었으나 사랑의 관계는 아니다. 예수님과 사랑의 관계를 맺지 않는다면 우리를 향한 하나님의 권능을 취소하고 없애버리는 것과 같다.

> 안타깝게도 현대 기독교에는 예수님을
> 친밀하게 아는 그리스도인이 드물다.

권능과의 연결

구체적인 사례로 살펴보자. 예를 들어 냉장고가 고장나서 아이스크림이 녹아 흐르고 음식이 상하기 시작하면 어떻게 하겠는가? 아마 인터넷에서 냉장고 수리법을 검색하거나 설명서를 읽을 것이다. 시간을 들여서 설명서를 연구하고 철저히 숙지한 뒤에 설명서 내용을 실천에 옮긴다. 이것저것 돌리고 만져본다. 이렇게 저렇게 해본다. 그러나 아무리 노력해도 전혀 효과가 없다. 결국 음식만 전부 상해서 못 먹게 된다. 그때 누군가가 와서 이렇게 제안한다. "전기를 연결해 보는 게 어때?"

이처럼 우리가 아무리 열심히 노력한다 해도 우리의 삶이 예수 그리스도 안에 있는 십자가의 권능과 연결되지 않는다면 우리가 투자한 시간과 삶은 모두 헛수고다. 날마다 교회에 가고 성경을 처음부터 끝까지 읽으며 공부하기를 반복하고, 사람들에게 이야기할 수도 있다. 날마다 성경이 말하는 대로 실천할 수도 있다. 그러나 삶에 흐르는 하나님의 은혜를 무시하고 십자가 그리고 예수 그리스도와의 관계를 폐기한다면 그 모든 수고는 무의미하다.

십자가와 우리 자신을 동일시하지 않는다면 하나님이 우리를 통해 그분의 권능을 마음껏 흘려보내실 수 없다. 우리가 자신에 대해 죽고 하나님에 대해 살기로 결단할 때 비로소 우리는 그저 존재하는 삶에서 벗어나 우리를 향한 하나님의 선하신 계획을 풍성히 경험하는 삶을 살 수 있다.

많은 신자가 자신을 통해 하나님이 하시려고 하는 일을 가로막는다. 자기 힘으로 해내려고 노력하기 때문이다. 이는 은혜가 흐르는 전선을 스스로 끊는 행동이다. 하나님이 우리에게 원하시는 일은 날마다 최선을 다하고 더 노력하는 것이 아니다. 하나님은 우리의 마음을 원하신다. 우리가 그분께 순복하기 원하신다. 우리가 그분을 신뢰하고 사랑하며 경험하기 원하신다. 하나님이 원하시는 것은 관계다. 그 관계 안에서 우리는 그리스도의 십자가 희생으로 이미 우리에게 주어진 모든 것을 누릴 수 있다.

7장

권위

 열여덟 살에 설교자로 부름받은 나는 주일예배나 수요예배에서 하나님의 말씀을 전하고, 여러 집회나 교회들에서 일주일에도 몇 번이나 말씀을 전한다.

 워낙 여러 지역을 다니다 보니 아메리칸항공을 많이 이용하게 되었는데 항공사에서 온 우편물을 받고도 별로 대수롭지 않게 여겼다. 그런데 그 우편물은 플래티넘 등급 고객에게 주는 혜택을 안내하는 책자였다. 그동안 쌓은 마일리지로 누릴 수 있는 혜택이 책자에 빼곡히 적혀 있었다.

 처음에는 서류뭉치 한편에 책자를 놔두었다. 별로 관심이 없었다. 비행기를 타고 목적지까지 가기만 하면 된다는 생각이었다. 안내 책자에 적힌 내용을 몰라도 지금까지 아메리칸항공을 충분히 잘 이용했기 때문이다.

 몇 주 뒤에 우연히 안내 책자에 눈길이 갔다. 어떤 이유에선지 이번에는 찬찬히 읽어봐야겠다는 생각이 들었다. 읽어보니 다양한 혜택을 누릴 수 있는 방법이 적혀 있었다. 내가 몰라서 사용하지 못한 플래티넘 등급만의 혜택이었다. 좌석 승급, 예약, 우선 탑승 등의 혜택이 있었다. 내가 누릴 수 있는 혜택이었음에도 그동안 몰라서 한 번도 사용하지 않았다.

아메리칸항공과 플래티넘 고객의 관계에 주어진 특권을 모른 탓에 항공사가 나에게 주는 선물을 온전히 누리지 못했다.

이처럼 많은 그리스도인이 십자가로 인해 주어진 모든 권리와 특권을 모르고 매주 교회에 온다. 그들은 하나님이 성도에게 부여하고 지정하신 특권을 활용하지 못한다. 십자가를 알지만 십자가의 권위와 유익을 모른다면 하나님이 예비하신 것을 온전히 경험할 수 없다.

십자가는 우리에게 평범한 일상의 방식을 뛰어넘는 하나님의 역사를 경험할 기회를 준다. 십자가는 힘겨운 현실에 하나님의 침노가 일어나게 하는 열쇠다. 하나님은 예수님이 십자가에 달려 죽으셨을 때 그분의 권능과 권위를 나타내려고 모든 것을 뒤엎고 예수님의 무덤을 침노하셨다.

> 십자가는 힘겨운 현실에
> 하나님의 침노가 일어나게 하는 열쇠다.

많은 그리스도인이 하나님의 권능을 찬양하고 그분의 권능을 말하지만 그분의 권능을 경험했다고 말하는 사람은 드물다. 하나님의 권능을 접한 적이 없기 때문이다. 그들은 사람의 이해를 뛰어넘는 하나님의 뒤엎고 돌리며 흔드시는 역사를 본 적이 없다.

특별한 유물이나 보물을 찾기 위해 모험을 펼치는 영웅이 나오는 액션 어드벤처 영화를 본 적이 있는가? 보물을 찾기까지 주인공은 많은 적을 만난다. 적들은 주인공이 목표물에 도달하여 성공하는 것을 막으려고 애쓴다.

이러한 영화를 볼 때 신자들의 삶을 훼방하는 사탄의 모습이 떠오른다. 우리에게는 원수가 어떻게든 막으려고 하는 매우 귀한 보물, 아주 특별한 유산이 있다. 사탄은 우리가 그 보물을 이용하지 못하도록 방해한다. 그는 하나님이 우리에게 예비하신 보물을 사용하지 못하게 하려고 모든 수단을 동원한다.

십자가의 보물

바울이 에베소 교회에 보낸 편지에서 십자가의 보물이 우리에게 주는 유익과 권위가 무엇인지 알 수 있다. 만약 이 편지가 작문 과제였다면, 괜찮은 점수를 받지 못했을 것이다. 에베소서 1장 3-14절의 헬라어 원문에서 바울은 매우 길고 장황한 문장으로 서두를 연다. 하고 싶은 말이 많았는지 매우 열정적으로 말해서 숨을 고를 여유조차 없었다.

사실 바울이 그토록 흥분해서 열심히 설명할 만한 주제이기는 하다. 그는 십자가 때문에 우리가 갖게 된 권위와 유익, 유업에 대해 말한다. 바울의 말을 확인해보자.

"찬송하리로다 하나님 곧 우리 주 예수 그리스도의 아버지께서 그리스도 안에서 하늘에 속한 모든 신령한 복을 우리에게 주시되 곧 창세 전에 그리스도 안에서 우리를 택하사 우리로 사랑 안에서 그 앞에 거룩하고 흠이 없게 하시려고 그 기쁘신 뜻대로 우리를 예정하사 예수 그리스도로 말미암아 자기의 아들들이 되게 하셨으니 이는 그가 사랑하시는 자 안에서 우리에게 거저 주시는 바 그의 은혜의 영광을 찬송하게 하려는 것이라 우리는 그리스도 안에서 그의 은혜의 풍성함을 따라 그의 피로 말미암아 속량 곧 죄 사함을 받았느니라 이는 그가 모든 지혜와 총명을 우리에게 넘치게 하사 그 뜻의 비밀을 우리에게 알리신 것이요 그의 기뻐하심을 따라 그리스도 안에서 때가 찬 경륜을 위하여 예정하신 것이니 하늘에 있는 것이나 땅에 있는 것이 다 그리스도 안에서 통일되게 하려 하심이라 모든 일을 그의 뜻의 결정대로 일하시는 이의 계획을 따라 우리가 예정을 입어 그 안에서 기업이 되었으니 이는 우리가 그리스도 안에서 전부터 바라던 그의 영광의 찬송이 되게 하려 하심이라 그 안에서 너희도 진리의 말씀 곧 너희의 구원의 복음을 듣고 그 안에서 또한 믿어 약속의 성령으로 인치심을 받았으니 이는 우리 기업의 보증이 되사 그 얻으신 것을 속량하시고 그의 영광을 찬송하게 하려 하심이라"(엡 1:3-14).

바울은 이처럼 긴 문장을 마무리한 후에 성도의 믿음과 사랑에 감사하고 자신이 기도할 때 그들을 기억한다는 말을 덧붙였다(15-17절). 여기서 이어지는 말이 중요하다. 그는 하나님께 자신의 편지를 받는 사람들의 "마음의 눈"을 여시도록 기도했다. 그리스도의 십자가 속죄를 통해 그들에게 주어진 것을 그들이 깨달아 알기를 바라는 마음이었다. "그의 부르심의 소망이 무엇이며 성도 안에서 그 기업의 영광의 풍성함이 무엇이며 그의 힘의 위력으로 역사하심을 따라 믿는 우리에게 베푸신 능력의 지극히 크심이 어떠한 것을 너희로 알게 하시기를 구하노라"(18-19절).

내가 아메리칸항공 플래티넘 회원에게 주어지는 혜택을 몰라서 제대로 이용하지 못했듯 하나님이 신자들에게 예비하신 힘과 능력과 영광을 신자인 우리가 몰라서 사용하지 못하는 일이 없도록 바울은 이렇게 당부했다.

다시 말해 바울의 말은 우리가 세상에서 하나님의 은혜를 맛보지도 못하고 천국에 가는 것은 하나님이 원하시는 바가 아니라는 뜻이다. 하나님은 우리가 지금 당장 이용할 수 있는 "기업의 보증"(14절)을 주셨다. 헬라어로 보증이란 '계약금'을 의미한다. 하나님은 십자가를 통해 우리가 세상에 사는 동안 받을 하늘의 축복에 대한 '계약금'을 마련해 두셨다. 신자인 우리는 천국으로 가는 길에 있다. 하나님은 천국이 어떤 곳인지 느끼고 경험하는 일을 천국에 가기 전까지 우리가 마냥 미뤄두기를 바라지 않으신다. 우리가 이곳에서 맛볼 수 있는 천국의 일부가 지금 여기에 있다.

힘의 위력

하나님이 주신 계약금이 무엇인지 궁금한가? 기업의 보증으로 우리에게 이미 주신 것이 무엇인지 알고 싶은가? 바울은 구원에 대한 설명을 마무리하며 이렇게 정리한다. "그의 부르심의 소망이 무엇이며 성도 안에서 그 기업의 영광의 풍성함이 무엇이며 그의 힘의 위력으로 역사하심을 따라 믿는 우리에게 베푸신 능력의 지극히 크심이 어떠한 것을 너희로 알게 하시기를 구하노라"(18-19절).

바울은 우리가 하나님의 '능력'을 경험하는 것이 하나님이 원하시는 바라고 하지 않았다. 하나님의 힘의 '위력'을 경험하기를 바라신다고 했다. 하나님은 우리의 삶 가운데 무에서 유를 만드시는 분이다. 온 세상에 유일한 진정한 능력자이시다. 어떤 신자도 평범한 개인으로 머물러 있어서는 안 된다. 하나님은 그분 힘의 '위력'으로 우리를 위대하게 예정하셨다.

'믿는 자에게 주어진 위력'은 갈보리 이후 시작되었다. 예수님은 금요일에 십자가에 못 박히셨다. 금요일은 안 좋은 날이었다. 수치스러운 날이었다. 고독한 날이었다. 금요일에 세상이 끝난 듯했다. 그날은 육체적으로 나쁜 날이었다. 예수님은 몸이 부서지도록 매를 맞았다. 심리적으로 나쁜 날이었다. 예수님은 피눈물을 흘리셨다. 영적으로 나쁜 날이었다. 예수님은 아버지 하나님과 분리되었다.

그러나 금요일에 일어난 사건으로 예수님의 미래가 끝나지는 않앉다.
바울은 예수님의 십자가를 설명하며 하나님 능력의 '위력'이 어떠한지 말한다.

> "그의 힘의 위력으로 역사하심을 따라 믿는 우리에게 베푸신 능력의 지극히 크심이 어떠한 것을 너희로 알게 하시기를 구하노라 그의 능력이 그리스도 안에서 역사하사 죽은 자들 가운데서 다시 살리시고 하늘에서 자기의 오른편에 앉히사 모든 통치와 권세와 능력과 주권과 이 세상뿐 아니라 오는 세상에 일컫는 모든 이름 위에 뛰어나게 하시고"(엡 1:19-21).

최악의 금요일 이후 최고의 일요일이 찾아왔다. 하나님은 죽은 자 가운데서 그리스도를 일으키고 하늘 보좌에 앉히심으로 금요일의 결과를 뒤엎으셨다.

어쩌면 지금 이 글을 읽는 당신도 심정적으로 두들겨 맞고 완전히 무너진 상태일 수도 있을 것이다. 심리적 구타, 육체적 구타, 관계적 구타, 심지어 영적인 구타를 겪었을 수도 있다. 눈앞에 보이는 상황이 온통 자신의 기대와 반대인 것 같아서 좌절했을 수도 있다.

만약 당신의 상황이 그렇다 해도 사도 바울의 말을 기억하기를 바란다. 죽었던 그리스도를 살리신, 죽음을 생명으로 바꾸신 하나님의 힘의 위력이 당신에게 주어졌다는 사실을 말이다. 하나님은 예수님의 상황을 뒤집으셨다. 그러므로 당신의 상황도 그렇게 하실 수 있다.

삶에서 죽음을 경험하고 있는가? 마치 십자가에 달린 기분이 드는가? 꿈, 관계, 가정, 일, 재정, 건강 그리고 다른 어떤 문제에서 죽음을 경험했는가? 십자가의 메시지를 기억하라. 하나님은 당신이 그분을 신뢰하기만 하면 최악의 시나리오를 승리의 시나리오로 바꿀 충분한 능력을 갖고 계신다.

승천의 원리

십자가에는 사망의 원리도 있지만 이어서 따라오는 부활의 원리도 있다. 그런데 우리가 충분한 관심을 쏟지 못하여 온전히 유익을 누리지 못하는 것이 있다. 바로 5장에서 다룬 승천의 원리다. 예수님은 죽음에서 일어나신 것만이 아니라 부활하고 하늘에 오르사 하늘 아버지 우편에 앉으셨다.

별로 대단하게 들리지 않을 수도 있지만 실로 엄청난 일이다. 구약시대에 당시 제사장이 하나님의 임재 안으로 들어가면 성전 안에 여러 도구를 볼 수 있었다. 그러나 보이지 않는 도구가 있었는데 바로 의자였다. 제사장은 그 의자에 앉을 수 없었다. 그의 임무가 끝나지 않았기 때문이다. 그에게는 앉을 도구가 주어지지 않았다. 예수님은 하늘에 오르실 때 의자를 차지하고 좌정하셨다. 세상에서의 임무가 끝나셨기 때문이다. 예수님은 십자가에서 "다 이루었다"라고 하셨다[요19:30, 헬라어로 테텔레스타이(*tetelesti*)이다].

예수님이 십자가에 달려 죽고 부활하여 하늘 보좌에 좌정하신 것이 우리와 무슨 상관이 있을까? 전부 상관이 있다. 구약은 고대의 언약을 이야기한다. 모두가 하나님의 최후 공급을 고대했다. 하나님이 역사 속에 가시적으로 들어오시기를 고대하며 모든 제사, 예식, 절기, 행위를 지켰다.

신약에는 새로운 언약이 등장한다. 그 언약은 십자가와 우리의 관계에 초점이 있다. 당시 일어난 일을 모르면 지금 여기서 온전한 경험을 하기 어렵다. 예수님이 십자가에서 성취하신 일을 보지 못하면 지금 여기서 누릴 수 있는 유업을 보지 못한다.

모든 것보다 뛰어난 권세

당신이 어떤 상황에 있든 어떤 사람과 상대하든 그 사람이나 상황은 당신을 어찌하지 못한다. 상대나 상황이 아무리 크고 강하며 억세게 보인다 해도 예수 그리스도가 그 모든 것 위에 좌정하신다. 모든 통치와 권세, 능력과 주권 위에 계신다. 예수님께 모든 권세가 있다.

예를 들어 미국 대통령이 백악관 집무실에서 조사나 명령을 지시하면 우리가 사는 지역이 어디든 그 영향력이 우리에게도 미친다. 지구 반대편에 있는 사람들까지도 영향을 받는다. 대통령은 한 국가에서 그 어떤 권세보다 높고 강한 위치에 있다. 한 도시에 있는 사람 한

명이 국가 전체 심지어 세계에 정치적으로 영향을 끼칠 수 있다면 만왕의 왕이자 만유의 주이며 모든 통치와 권세보다 뛰어나신 분의 영향력은 어떻겠는가?

당신의 원수, 대적, 상황, 문제가 어떤 말을 하든 그것이 끝은 아니다. 직장 상사가 무슨 말을 해도 그것이 당신의 삶을 결정하지는 않는다. 의사가 하는 말이 끝은 아니다. 재정이 말하는 상황이 끝은 아니다. 감정이 말하는 상황도 끝은 아니다.

십자가가 우리를 위해 성취한 것은 권위다. 명심하라. 권위는 힘과 관련이 있다. 그러나 힘만을 의미하는 것이 아니다. 권위는 당신이 보유한 힘을 사용할 권리를 말한다. 예를 들어 심판은 축구장에서 가장 힘이 센 사람이 아니다. 사실 나이도 많고 느리며 몸도 무겁다. 그러나 심판이 자신보다 훨씬 덩치가 큰 선수를 향해 노란 깃발을 들면 선수는 순복해야 한다. 아무리 빨리 달리는 선수라도 심판의 신호에 속도를 늦춰야 한다. 심판에게는 권위라는 더 강한 힘이 있기 때문이다. 권위가 힘을 압도한다.

사탄을 압도하는 예수님의 권위

사탄은 우리보다 훨씬 크다. 그는 우리보다 훨씬 강하고 교활하다. 우리보다 힘도 훨씬 세다. 우리 힘으로는 사탄을 제압하지 못한다. 한번 해보겠다고 먼저 덤비는 시도를 하지 않기 바란다. 그러나 우리가 그리스도 즉 그분의 십자가, 부활, 승천과 우리 자신을 동일하게 여길 때 사탄의 권세를 압도하는 권세가 우리의 것이 된다.

사탄은 십자가가 오늘날에는 무의미한 역사의 기록일 뿐이라는 생각을 우리에게 주입하려고 애쓴다. 사탄은 우리가 십자가를 존경하는 것은 신경 쓰지 않는다. 오직 십자가를 통해 우리에게 주어진 유익과 유업을 누리지 못하게 하는 데만 관심이 있다. 그리스도의 권세로 우리가 사탄을 제압할 수 있다는 사실을 우리가 몰라야만 자신의 힘으로 우리를 계속 위협할 수 있기 때문이다.

사탄의 행위는 마치 우리를 향해 총을 겨누는 상대와 비슷하다. 처음에는 두려워서 그가 자비를 베풀기만을 바란다. 그러나 상대의 총에 총알이 없다는 사실을 알고 나면 더는 상대가 우리를 제압하지 못한다. 십자가에서 예수 그리스도는 사탄을 "무력화"(골 2:15)하셨다. 예수 그리스도는 사탄의 총에서 총알을 제거하셨다. 사탄은 센 척하며 자신의 힘으로 사람들을 위협하려 들지만 예수 그리스도는 사탄의 권세가 허울뿐임을 드러내셨다. 사탄의 힘은 우리가 그의 말을 믿는 동안에만 유효하다. 그러나 그의 힘은 그리스도의 권세를 능가할 정도로 강하지 않다.

사탄이 당신을 위협하거든 총알 없는 총을 겨누고 있다는 것을 기억하라. 당연히 사탄은 그 사실을 숨길 것이다. 사탄은 우리가 그를 결코 이길 수 없으며 언제나 패배할 거라고 생각하기 원한다. 우울증이라는 가족력이 있으므로 언제까지나 과소비, 과식, 재정 파탄 등 우울증 피해자로 남아 있을 수밖에 없다고 속삭인다.

그러나 예수님은 그 총에 총알이 없다는 사실을 우리가 알기 원하신다. 사탄은 갈보리에서 무력화되었다. 예수 그리스도가 모든 권세와 통치 위에 계시므로 사탄은 더 이상 우리에 대한 발언권이 없다. 우리는 예수님의 권세를 누리며 그분과 함께 앉아 있다.

그렇다면 우리에게 어떤 문제도 일어나지 않을까? 그렇지 않다. 예수님께 시선을 고정한다면 설령 문제가 있더라도 주가 우리를 상황 아래가 아니라 상황 위에 두신다.

이 승리를 더 신속히 오게 하는 방법은 하나님을 찬양하는 것이다. 힘든 하루, 힘든 상황, 힘든 문제에 집중하지 말고 하나님을 찬양하라. 그 모든 문제가 끝은 아니다. 모든 주권과 권세 위에 좌정하신 주님을 찬양하라. 주님과의 관계로 인해 우리는 그분과 함께 좌정하게 되었으며, 그분의 통치와 권세를 삶에서 누리게 되었다(엡 2:6). 요한계시록에서 신자들이 사탄을 이겼다고 말한 이유가 거기에 있다.

"이제 우리 하나님의 구원과 능력과 나라와 또 그의 그리스도의 권세가 나타났으니 우리 형제들을 참소하던 자 곧 우리 하나님 앞에서 밤낮 참소하던 자가 쫓겨났고 또 우리 형제들이 어린양의 피와 자기들이 증언하는 말씀으로써 그를 이겼으니"(계 12:10-11).

"어린양의 피"로 그를 이겼다는 말은 십자가를 가리킨다. 그들이 사탄을 이길 수 있었던 이유는 그들의 삶에 들어온 지옥이 끝이 아니라는 사실을 끝까지 붙들었기 때문이다. 그들은 십자가가 사탄을 이

졌으므로 사탄의 권세보다 높으신 주 예수의 권세가 자신에게 주어졌다는 사실에 집중했다.

하나님을 통한 우리의 권세

골로새서, 에베소서, 요한계시록에서 하나님이 우리에게 알려주기 원하는 핵심은 예수 그리스도의 십자가가 우리에게 사탄을 비롯한 원수들을 이길 승리를 주신다는 것이다. 예수 그리스도가 모든 통치와 권세 위에 앉아 계시므로 우리 역시 그분과 함께 앉아 있다. 바울은 에베소 교회에 보내는 편지에서 이렇게 말한다. "허물로 죽은 우리를 그리스도와 함께 살리셨고 (너희는 은혜로 구원을 받은 것이라) 또 함께 일으키사 그리스도 예수 안에서 함께 하늘에 앉히시니 이는 그리스도 예수 안에서 우리에게 자비하심으로써 그 은혜의 지극히 풍성함을 오는 여러 세대에 나타내려 하심이라"(엡 2:5-7).

하늘에는 예수 그리스도의 보좌도 있지만 우리를 위한 의자도 있다. 우리를 모든 통치와 권세 위에 "그리스도 예수 안에서 함께 하늘에 앉히셨다." 이때 이런 의문이 생길 수 있다. "예수님과 함께 하늘에 앉아 있는데 왜 나는 승리를 경험하지 못할까?" 이유는 간단하다. 내가 어떻게 이용하는지 몰라서 아메리칸항공의 플래티넘 고객에게 주어지는 혜택과 특권을 누리지 못한 것처럼 우리가 어디에 앉아 있는지, 그 의미가 무엇인지 알지 못한다면 우리가 요청하기만 하면 사용할 수 있는 그 권세를 사용할 수 없다.

우리의 육체는 현재 지구에 있다. 그러나 영적으로 우리는 하늘에 있다. 마치 원격 회의라는 소통 방법과 비슷하다. 수년 사이에 원격 회의 기술이 크게 발전했다. 원격 회의는 개발 초기부터 우리에게 장소와 공간을 초월할 수 있는 생각지도 못한 능력을 제공했다. 나는 댈러스의 사무실에 앉아서 시카고에 있는 단체의 이사회에 참석할 수 있다. 동일한 시간에 여러 장소에서 참여하도록 고안된 장치 덕분이다.

이와 마찬가지로 우리는 육체적으로는 세상에 있지만 영적으로는 하늘에 있다. 그러나 우리가 이 사실을 깨닫지 못하고 이러한 생각으로 움직이지 않는다면 이 세상이 제공하는 것밖에는 누릴 수 없다. 영적인 권위를 얻으려면 영적으로 삶에 접근해야 한다. 눈에 보이는 것만 보면 아직 보이지 않는 것을 결코 보지 못한다. 지금 이곳에 시선이 고정된다면 역사 속에 일어나는 하늘의 통치를 경험할 수 없다. 세상의 의자는 우리에게 권위를 주지 않는다. 오직 하늘로서만 그 권위가 주어지고, 우리는 그 권위를 누릴 수 있다. 예수 그리스도가 십자가를 통해 거두신 승리 때문이다.

하늘의 권위와 연결된 상태로 사는 방법을 터득하면 모든 것이 변한다. 사람들이 우리에게 가하는 위협 요소가 변한다. 우리가 걱정하고 두려워하는 수준이 변한다. 하나님이 하실 일을 보여주고 깨닫게 하는 깨달음이 우리의 영 안에 있으면 결코 그런 일은 일어나지 않는다고 말하는 사람들에게 휘둘리지 않는다. 십자가의 권위로 일하는 사람에게는 사람들의 말이 힘을 발휘하지 못한다.

  십자가에서 우리에게 주어진 그리스도의 권위라는 차원에서 살 때, 우리의 말하고 행하며 생각하는 방식이 달라진다. 삶에 대한 우리의 접근 방식 자체가 달라진다. 힘과 권위의 차이를 알기 때문이다. 우리 삶에서 통제권을 가진 것처럼 보이는 요소들에는 최종 통제권이 없다. 우리의 재정, 감정, 건강, 가정에 영향을 끼치는 것처럼 보이는 것들에게는 결코 최종 통제권이 없다.

  포기하기에 앞서 위를 바라보자. 예수님께 시선을 고정하고 하늘나라에서 그분과 함께 앉을 우리 자신을 바라보자. 우리 안에서 역사하시는 하나님의 능력대로 그분의 통치와 권세를 온전히 누리게 될 그 날을 기대하자.

8장

해방

　한 남자가 미국에 여행을 왔다. 그의 나라에는 군대가 시행하는 통행 금지령이 있어서 모든 사람이 매일 밤 일정 시간 이후에는 집으로 돌아가야 했다.

　그런데 그는 미국에 와서도 옛 습관을 버리지 못했다. 더 이상 통행 금지령이 아무런 효력이 없다는 것을 깨닫지 못했다. 이 남자는 날마다 미국 곳곳을 다니다가도 밤이 되기 전 호텔로 돌아왔다.

　하루는 밖에서 밤을 맞게 되었다. 시간이 늦었다는 걸 알아차린 그는 택시를 잡아타고 기사에게 통행 금지 시간 전에 호텔로 가달라고 했다. 기사는 그가 무슨 말을 하는지 도통 알 수 없었다. 도리어 통행 금지 시간이 뭐냐고 반문했다. 설명을 들은 기사는 이 사람이 자기 나라의 법을 미국에서도 지키고 있다는 사실을 알았다. 그는 예전의 생활과 새로운 생활을 혼합했던 것이다.

　택시기사는 그가 본국에서 따르던 통행 금지령이 미국에는 없다고 설명했다. 그는 더 이상 본국의 법제도 아래 있지 않았다. 새로운 땅에 있으므로 그가 원하는 한, 밤새도록 밖에 있어도 전혀 문제가 되지 않았다. 본국의 규제는 더 이상 소용이 없었다.

그가 여전히 족쇄에 묶여 있었던 이유는 과거의 족쇄를 벗어버리는 방법을 몰랐기 때문이다.

안타깝게도 많은 그리스도인이 비슷한 상황에 처했다. 우리는 그리스도를 통해 새로운 자유의 삶을 받았지만 아담의 후손으로서 가진 속박을 떨쳐내는 방법은 잘 알지 못한다. 그래서 자유를 말하고 자유를 강하게 열망하지만 법이 가하는 속박의 압력에서 벗어나지 못한다.

오늘날 매우 많은 신자가 율법주의라는 수갑에 묶인 채 살아간다. 과거의 삶에 익숙해진 탓에 예수 그리스도의 십자가가 주는 자유를 알지 못한다.

십자가를 통한 율법주의 탈출

십자가의 차원에 살며 이른바 '교환된 생명' 안으로 들어가는 방법을 제대로 아는 사람은 과거의 삶에서 새로 얻은 자유의 삶으로 이동한다. 율법주의의 개념, 혼란, 결과에서 은혜의 삶으로 이동한다.

율법주의자는 자유를 모른다. 하나님과 사람들의 마음에 들기 위해 규칙만 따르는 율법주의자들에게 그리스도인의 삶은 무거운 짐이다(율법주의에 대한 논의와 정의는 이후의 내용을 참고하라). 그들은 은혜가 넘치는 삶의 기쁨을 결코 발견하지 못한다. 은혜가 이미 주어졌지만 그 선물을 풀어서 갖지 못한다. 은혜는 어떤 사람에게는 믿기 어려울 정도로 좋고 이해하기 어려울 정도로 넓지만 어떤 사람에게는 감히 받기 어려울 정도로 과분한 선물이다.

하늘 아래 사는 사람 가운데 사도 바울만큼 풍성한 은혜를 누린 사람은 없다. 그의 삶과 사역은 그 누구도 누리지 못한 은혜의 풍성한 능력으로 표현할 수 있다. 갈라디아 교회에 보낸 편지에서 이 중요한 주제에 대한 교훈을 얻을 수 있다(갈 1:2).

바울은 예수 그리스도의 죽음과 부활에 대한 복음으로 시작한다. 그리스도의 희생이라는 최고의 선물을 받았음에도 갈라디아 교회 사람들은 유대주의자들과 비슷한 다른 신앙 체계로 눈을 돌렸다. 바울은 유대주의자들과 종종 의견이 부딪쳤다. 그들은 그리스도인들에게 구약의 율법 아래 사는 삶으로 돌아가야 한다고 주장했다. 그들은 그리스도인들을 영적인 속박의 삶으로 이끌었다. 유대주의자들이 끼친 영향에 대응하기 위해 바울은 갈라디아서라는 편지에서 모세 율법을 그리스도인 생활의 기준으로 삼으려는 시도에 의견을 피력했다.

갈라디아서 2장 4절에서 바울은 유대주의자들에 대해 이렇게 말했다. "이는 가만히 들어온 거짓 형제들 때문이라 그들이 가만히 들어온 것은 그리스도 예수 안에서 우리가 가진 자유를 엿보고 우리를 종으로 삼고자 함이로되."

이 말씀으로 볼 때 해방된 사람도 또 다시 사슬에 묶인 노예가 될 수 있다. 은혜의 선물이 주어졌다고 해서 자동적으로 사용할 수 있는 것은 아니다. 하나님은 십자가 희생을 통해 우리 각 사람에게 그분의 은혜를 누리는 특권을 주셨으나 그것을 사용하라고 강요하지는 않으신다. 그 특권은 그 은혜를 온전히 받아들인 사람에게만 삶을 불타오르게 하는 연료가 될 수 있다.

*해방된 사람도 또 다시
사슬에 묶인 노예가 될 수 있다.*

공중그네를 타는 삶

오래전 아이들을 데리고 공중그네 쇼를 보러간 적이 있다. 아슬아슬한 묘기를 처음 보는 아이들은 숨을 죽이고 쇼를 관람했다. 나도 곡예사들의 기교와 절묘한 타이밍에 감탄하며 쇼를 지켜보았다. 손을 놓칠까 봐 마음을 졸이며 그들의 연기에 박수갈채를 보냈다.

우리가 관람한 공중그네 쇼에는 여느 쇼처럼 안전망이 설치되어 있었다. 곡예사가 실수로 떨어지는 일에 대비하기 위해서였다. 어쩌다가 떨어진 곡예사는 다시 뛰어올라서 공중그네로 돌아가거나 사다리를 타고 올라갔다. 안전망이 있기 때문에 곡예사들은 더 높이 오르고 더 위험한 곡예를 시도하며 더 과감한 연기를 했다. 그들은 그물이 없을 때보다 더 멋진 공연을 펼쳤다.

우리는 그리스도 안에서 십자가를 통해 곡예사 같은 삶을 산다. 세상은 우리를 바라보며 이렇게 말한다. "저들이 사는 모습을 보라. 저들이 정말로 서로 사랑하는가? 남편이 아내를 정말 친절하게 대하는가? 저들은 업계와 직장에서 최고의 일꾼이고 최고의 이웃이며 최고의 학생인가?"

우리는 주위 사람들이 시선을 집중하는 공중그네 곡예사처럼 살지만 그리스도라는 안전망을 신뢰하며 살아갈 수 있다. 혹시라도 떨어지면 어떻게 될까? 우리에게는 그물이 있다. 주 예수 그리스도의 보혈이 우리의 모든 죄와 실수, 어리석은 선택에 대한 용서를 제공한다. 안전망과 공중그네에 계속 머무는 능력은 전적인 하나님의 은혜다. 마냥 그물에 누워 잠만 잘 수는 없다. 그런 사람은 공중그네를 타는 곡예사가 아니다. 은혜라는 선물이 우리의 삶, 우리의 사랑, 우리의 소망, 주께 우리 자신을 내려놓고 하나님을 섬기는 삶에 영향을 끼쳐야 한다.

십자가의 은혜 없이 사는 바보들

안전망을 거부하고 자신의 완벽한 기술만 의지해서 공연을 펼치는 곡예사는 어리석은 사람이다. 완벽한 곡예사는 없다. 십자가의 은혜 없이 승리하는 그리스도인으로 살고자 노력하는 신자들을 향해 바울은 엄히 책망한다. 그들은 어리석은 바보다.

바울은 갈라디아서 1장을 시작하며 담대히 선포한다. "그리스도의 은혜로 너희를 부르신 이를 이같이 속히 떠나 다른 복음을 따르는 것을 내가 이상히 여기노라 다른 복음은 없나니 다만 어떤 사람들이 너희를 교란하여 그리스도의 복음을 변하게 하려 함이라"(갈 1:6-7).

3장에서 바울은 성경에서 가장 위대한 구절 중 하나이지만 많이 언급되지는 않는 내용을 전한다.

> "어리석도다 갈라디아 사람들아 예수 그리스도께서 십자가에 못 박히신 것이 너희 눈앞에 밝히 보이거늘 누가 너희를 꾀더냐 내가 너희에게서 다만 이것을 알려 하노니 너희가 성령을 받은 것이 율법의 행위로냐 혹은 듣고 믿음으로냐 너희가 이같이 어리석으냐 성령으로 시작하였다가 이제는 육체로 마치겠느냐 너희가 이같이 많은 괴로움을 헛되이 받았느냐 과연 헛되냐 너희에게 성령을 주시고 너희 가운데서 능력을 행하시는 이의 일이 율법의 행위에서냐 혹은 듣고 믿음에서냐"(갈 3:1-5).

여기서 바울은 의문문의 형태로 율법주의를 비판한다. 그의 말을 다른 말로 하면 이런 의미다. "너희가 어떻게 구원을 받았느냐? 십계명을 지킴으로써냐? 옆집 이웃보다 잘나서냐? 끊임없이 노력하고 노력해서냐? 그렇게 해서 구원받았다면 너희는 정말로 구원받은 것이 아니다. 의로운 행위로 구원받는 사람은 없다. 좋은 사람이라서 구원받는 사람은 없다. 법을 잘 지켜서 구원받는 사람은 없다. 완벽한 사람은 없기 때문이다. 너희는 은혜로 구원받았다."

바울이 갈라디아 교인들과 우리에게 일깨우려는 핵심은 우리가 우리의 노력과 상관없이 영적인 구원을 받았다는 것이다. 사람의 노력과 은혜를 섞으려는 행위는 물과 기름을 섞으려고 하는 것과 비슷하다. 각각의 특성이 있기 때문에 둘은 결코 섞이지 않는다.

이 사실을 강조한 뒤 바울은 또 다른 질문을 제기한다. 갈라디아 교인들이나 우리가 은혜와 상관없이 구원받는 것이 불가능하다면 그들은 어쩌다가 자신이 구원받은 그 방법으로 계속 살아가기 어렵다고 믿게 되었을까? 성령으로 우리에게 자유를 주신 그리스도가 자유와 승리의 삶을 살려면 율법으로 돌아가라고 하셨다는 생각은 어떻게 하게 되었을까? 뒤로 후퇴하는 사고방식이다. 그것이 율법주의다.

율법주의의 정의

율법주의는 무엇일까? 율법주의는 우리의 정치성과 신앙생활을 우리의 행동으로 정의하고 규정하는 모든 규칙과 규제 체계를 말한다. 규칙 준수를 영적인 승리의 토대라고 생각한다. 율법주의는 "당신이 하는 행동이 곧 당신이다"라고 말한다.

율법주의는 규정이나 법의 부재가 아니다. 우리는 규칙이나 지침, 법 없이 살 수 없다. 율법주의는 규칙에 대한 부정확한 인식과 태도에 기초한다. 그러면서 원래 규칙에 부여되지 않았던 힘을 새롭게 부여한다.

율법주의는 규칙에 하나님보다 더 큰 권위를 부여한다. 예를 들어 엘리야의 삶을 보면 하나님의 규칙을 능가하는 하나님의 권위가 드러난다. 엘리야는 광야에서 홀로 굶주리며 절박한 상황에 처했다. 열왕기상에서 여호와가 엘리야에게 하신 말씀으로 당시 상황을 엿볼 수 있다. "너희는 여기서 떠나 동쪽으로 가서 요단 앞 그릿 시냇가에 숨고 그 시냇물을 마시라 내가 까마귀들에게 명령하여 거기서 너를 먹이게 하리라"(왕상 17:3-4). 엘리야는 하나님이 말씀하신 대로 했다. 하나님은 까마귀들에게 아침과 저녁에 떡과 고기를 가져오라고 명하셨다.

언뜻 보면 자신의 종 엘리야를 향한 하나님의 놀라운 공급이 담긴 놀라운 이야기다. 그러나 깊이 들어가 보면 율법에 따라 까마귀는 "먹지 못하는 가증한"(레 11:13-15) 새다. 그런데 하나님은 엘리야에게 부정한 새가 날라다 주는 음식을 먹게 하셨다.

율법을 초월하는 방법으로 엘리야에게 떡과 고기를 공급하신 하나님이 이번에는 그를 사르밧의 과부에게 보내신다. 과부는 엘리야에게 음식을 제공하고 선지자 엘리야를 믿었다. 아들이 죽기 전까지는 그랬다. 그러나 아들이 죽자 믿음이 사라졌다. 엘리야는 죽은 과부의 아들을 데리고 하나님 앞에 나갔다. 성경은 엘리야가 죽은 아이를 안고 다락방에 올라가서 여호와께 기도하고 "아이 위에 몸을 세 번 펴서 엎드리고"(왕상 17:21)라고 말한다. 아이는 살아났다.

이는 놀라운 기적의 이야기다. 그러나 이 말씀에 바탕을 둔 설교에서 종종 간과하는 사실이 있다. 율법 아래 있는 하나님의 선지자 엘리야가 시체에 손을 대는 부정한 일을 행했다는 것이다(민 9:6, 19:13). 게다가 시체를 들고 계단을 오르고 그 위에 세 번이나 엎드렸다. 하나님은 죽은 아이를 위해 믿음의 행위를 한 엘리야를 죽이기는커녕 오히려 아이를 살려주셨다.

하나님이 그분의 율법 밖에서 역사하시는 일은 일반적인 경우가 아니다. 우리가 그렇게 하기를 바라지도 않으신다. 그러나 이같이 알려진 대범한 사건 외에도 여러 사건이 성경에 기록되어 있다. 우리가 섬기는 하나님은 율법보다 훨씬 위대한 분이라는 반증이다. 그렇다고 율법이 폐지되는 것은 결코 아니다. 다만 우리의 눈을 열어 우리가 집중해야 할 곳이 어디인지 명확히 알려준다. 하나님의 율법이 아니라 율법의 하나님을 바라보라.

율법주의의 문제

지켜야 하는 규칙들이 그리스도인의 삶에 자유와 승리를 주지는 않는다. 오히려 마음의 동기를 오염시켜 율법에 따른 행위 자체를 무효화한다. 죄책감을 유발하는 구조는 헌신을 강요하고 어느 순간이 되면 그 헌신을 유지하기 어렵다. 더욱 심각한 문제는 우리 안에 율법을 지키는 행위에 대한 교만이 자라서 모든 일을 가능하게 하시는 성령에 대한 감사가 줄거나 사라진다는 것이다.

율법주의는 시계 알람이 울려서 성경을 읽지만 마음은 다른 데 있다. 무릎을 꿇고 기도하지만 마음은 무릎 꿇기를 거부한다. 겉으로 보이는 행동과 가식으로 마음의 분노를 포장한다. 결국 관계가 아니라 규칙에 근거한 태도가 길러진다.

당신이 결혼을 했는데 배우자가 결혼 상태를 측정하는 점검 목록을 만들었다고 하자. 그는 당신에게 목록을 주고 당신이 그 목록을 항상 갖고 다니기를 원한다. 목록에는 설거지, 요리, 청소, 대화, 정리 등 해야 할 일들이 빼곡하다. 당신은 이 목록의 각 항목을 점검하기 위해 오늘도 일하고 내일도 일하며 그다음날도 일한다.

물론 부부 사이에 이런 목록을 만드는 사람은 없을 것이다. 솔직히 그런 관계라면 온정 어린 관계라고 할 수도 없다. 부부 사이가 점검 목록으로 축소되면 두 사람의 사랑에 기초해야 할 관계가 율법주의적 관계로 변질된다. 그러면 필요한 행위의 연속이 아니라 사랑의 반응이라는 결혼의 본질도 놓치게 된다.

신앙생활을 점검 목록으로 측정할 때에도 하나님과의 관계에서 중요한 사실을 놓칠 수 있다. 목록에 있는 내용이 나쁘다는 말이 아니다. 목록을 만드는 것만으로는 목록에 있는 행위들이 존재하는 이유 즉 핵심을 놓치기가 쉽다. 하나님은 우리의 마음을 우리보다 더 잘 아신다. 우리의 삶에서 하나님과의 참된 친밀함을 만드는 것은 사랑에서 비롯된 행동이다. 사랑의 행동을 통해 하나님과의 친밀함 그리고 관심에 담긴 위대한 능력을 발견할 수 있다. 그러나 율법에서 비롯된 행동으로는 그렇게 할 수 없다.

두 명의 주인

40년 동안 사역하면서 율법주의가 많은 회중과 라디오와 방송 사역에 반응하는 청취자들을 괴롭히는 중대한 질병이라는 사실을 많이 목격했다. 한 방울씩 떨어지는 물방울처럼, 지금도 변함없이 미치는 율법주의의 영향력 때문에 많은 사람이 괴로워한다. 사람들은 규칙이 있어야 마음이 안전하고 자랑스러우며 당당해지는 모양이다. 그 이유는 나도 잘 모르겠다. 어떤 이유에서든 바울은 로마인들에게 보내는 편지에서 우리가 율법을 따라 살면 예수 그리스도 외에 또 한 명의 주인을 섬기는 것이라고 했다. "죄가 너희를 주장하지 못하리니 이는 너희가 법 아래에 있지 아니하고 은혜 아래에 있음이라"(롬 6:14).

바울은 로마서 7장에서 법이 결혼에 미치는 효력과 그리스도에 대해 말하면서 두 주인에 대해 설명한다. 매우 신랄하고 구체적인 설명이다.

"형제들아 내가 법 아는 자들에게 말하노니 너희는 그 법이 사람이 살 동안만 그를 주관하는 줄 알지 못하느냐 남편 있는 여인이 그 남편 생전에는 법으로 그에게 매인 바 되나 만일 그 남편이 죽으면 남편의 법에서 벗어나느니라 그러므로 만일 그 남편 생전에 다른 남자에게 가면 음녀라 그러나 만일 남편이 죽으면 그 법에서 자유롭게 되나니 다른 남자에게 갈지라도 음녀가 되지 아니하느니라 그러므로 내 형제들아 너희도 그리스도의 몸으로 말미암아 율법에 대하여 죽임을 당하였으니 이는 다른 이 곧 죽은 자 가운데서 살아나신 이에게 가서 우리가 하나님을 위하여 열매를 맺게 하려 함이라"(롬 7:1-4).

바울은 결혼한 남자와 여자의 상황을 예로 들며 은혜가 아니라 율법으로 살려고 하는 그리스도인은 영적 간음을 저지르는 것이라고 설명한다. 여자가 두 남편 아래 살지 못하듯 신자는 두 주인 아래 살 수 없다. 이번 장에서 결혼을 배경으로 율법주의와 은혜에 대해 설명한 이유는 우리가 육체적으로나 가시적인 차원에서 경험하는 가장 친숙한 계약 관계이기 때문이다. 다시 한 번 결혼으로 설명하겠다. 한 여성이 규칙과 목록을 중시하는 남자와 결혼하여 무척 힘든 삶을 살았다. 그런데 제프라는 이 남자가 몇 년 뒤에 죽었다. 바울의 말처럼 이 여성은 이제 제프의 속박에서 해방되었다.

이후 그녀는 데이브라는 남자와 재혼한다. 데이브는 아내를 존중하고 사랑했다. 이 여성도 진심으로 데이브를 사랑했다. 그러나 제프가 심어놓은 과거의 생각들이 이 여성에게 여전히 남아 있었다.

이 여성은 새로운 가정의 편안함 속에 과거의 제프를 데리고 와 앉혀놓았다. 과거를 떠나보내지 못했다. 제프와 달리 데이브가 아무리 격려하고 사랑한다고 말해도 변화가 없었다.

하루는 이 여성이 데이브에게 말했다. "여보, 사랑해. 하지만 제프와 살았던 시간이 길어서 아직까지 제프가 곁에 있는 느낌이야. 이해해줘."

데이브는 당연히 이 상황이 마음에 들지 않을 것이다. 이 여성은 과거의 사랑을 완전히 떠나보내든지, 이미 죽은 과거의 사랑 속에 계속 머물든지 선택을 해야 한다. 당연히 새로운 사랑과 자유를 누리려면, 제프를 완전히 묻어야 한다.

많은 그리스도인이 규칙을 중시하는 제프와 결혼한 상태로 살아간다. 우리는 제프의 영향력 아래 예측 가능하고 공식화된 삶에서 성장한다. 신앙생활에 대한 그의 규칙으로 인해 우리의 행동은 습관에 머무른다. 예수 그리스도와 그분의 십자가를 안다면 제프를 떨쳐버리고 자유를 선택해야 한다. 제프의 규칙을 묻어버리지 않으면 우리의 마음, 생각, 영혼에 살아 계신 구세주를 모실 수 없다. 예수님은 죽은 사람이 통제하는 집을 거처로 삼으실 수 없다.

하나님의 법, 미덕과 한계

바울의 요점은 율법이 나쁘다는 말이 아니다. 오히려 그는 반대로 말한다. "이로 보건대 율법은 거룩하고 계명도 거룩하고 의로우며 선하도다"(롬 7:12). 율법은 선하지만 율법주의는 율법에 잘못된 견해를 갖게 한다. 왜 율법이 있을까? 율법이 존재하는 이유가 아닌 것을 말하겠다. 율법은 당신을 더 나은 사람이 되게 하려고 있는 것이 아니다.

율법은 당신의 잘못을 일깨우기 위해 존재한다.

누군가가 잘못이라고 알려주지 않으면 거짓말이 잘못임을 알 수 없다. 율법은 시속 110킬로미터라고 적힌 고속도로의 속도 제한 표지판과 비슷하다. 그것이 법이다. 법에 따라 시속 110킬로미터를 넘어서는 안 된다. 표지판은 법을 알려주며 속도 위반으로 차를 멈춰 세우는 경찰관에게 판단의 근거를 제공한다.

율법은 주위 사람 심지어 우리 자신도 알 수 없는 내면의 문제를 보여주는 것으로, 마치 엑스레이 촬영기와 같다. 엑스레이 촬영기는 문제를 고치기 위해서가 아니라 그저 보여주기 위해 고안된 장비다. 율법은 우리의 죄성이나 우리의 개인적인 악행을 고치기 위해서가 아니라 죄성과 악행을 보여주기 위해 존재한다. 영혼과 생각, 마음의 변화 없이 하지 말아야 할 행동의 목록만 만들어서 잘못을 고치려고 한다면 결국 실패뿐이다. 율법은 엑스레이 촬영기처럼 문제를 고치기 위해서가 아니라 보여주기 위해 존재한다. 고치는 일은 성령의 사역이다.

바울은 율법, 은혜, 성령의 문제에 대해 여러 번 말했다. 율법주의의 문제와 관련하여 특히 주목할 구절은 이것이다. "우리가 무슨 일이든지 우리에게서 난 것 같이 스스로 만족할 것이 아니니 우리의 만족은 오직 하나님으로부터 나느니라 그가 또한 우리를 새 언약의 일꾼 되기에 만족하게 하셨으니 율법 조문으로 하지 아니하고 오직 영으로 함이니 율법 조문은 죽이는 것이요 영은 살리는 것이니라" (고후 3:5-6). 바울은 다시 한 번 성령과 율법의 차이를 강조한다. 율법은 죽이지만 성령은 살린다.

    율법은 하나님의 기준에 미치지 못하는 삶의 영역을 드러내기 위해 존재한다. 우리 안에서 일하시는 성령님은 예수 그리스도의 십자가와 그분과의 관계를 통해 주님이 기뻐하시는 삶을 살고 싶은 능력과 동기를 불러일으킨다. 성령님은 십자가를 통해 우리에게 양선, 만족, 평안, 모든 선한 것을 풍성하게 주신다.

    죄성을 율법으로 해결하려는 우리에게 하나님은 십자가를 주셨고 성령은 우리 안에서 지속적으로 일하신다.

3부

십자가의

능력

9장

안정

우리 아들 앤서니 주니어(Anthony Jr.)가 몇 년 전이 NBC 방송의 오디션 프로그램 〈더 보이스〉에 출연한 적이 있다. 그 이후 앤서니에게는 공개적으로 예수 그리스도를 전하고 사람들에게 간증할 기회가 많아졌다. 그는 크리스티나 아길레라(Christina Aguilera)에게 선택을 받아 오디션에 통과하고 다른 참가자와 배틀라운드에서 겨루는 캘리포니아 주 유니버설 스튜디오로 진출했다. 전국적으로 수백만 명이 시청하는 방송에 우리 부부와 두 딸이 700명의 방청객과 함께 녹화에 참석했다.

  누구를 선택할지 고심하는 크리스티나를 보며 나는 조용히 기도했다. "주님, 주님의 뜻이 이루어지기를 바랍니다." 사실 우리 아들이 선택되지 않아서 실망스러웠다. 그러나 결정의 순간에 아들이 보여준 여유와 공연을 보며 마음이 뿌듯했다. 오디션에서 앤서니가 훌륭한 공연을 펼쳤다는 것만으로도 참 대견했다.

오디션 초반에는 참가자들에게 부를 곡이 지정되었다. 앤서니에게 지정된 곡은 마빈 게이(Marvin Gaye)의 "왓츠 고잉 온"(What's Going on) 이었다.

이 노래는 마빈 게이가 세상의 부정적인 현실을 말하며 "대체 무슨 일인가?"라고 질문하는 곡이다. 그는 사회의 다양한 영역에 일어나는 혼란으로 볼 때, 이 세상에는 뭔가 문제가 있다고 생각했다.

우리 교인들도 종종 나에게 비슷한 질문을 한다. 각자의 문제를 들고 찾아와서 이렇게 말한다. "목사님, 이게 대체 무슨 일일까요? 왜 이런 일이 일어날까요?" 오늘날의 미국 사회를 보면 하루라도 혼란, 혼동, 불확실한 상황 없이 지나가는 날이 없다.

이러한 불확실성은 미국에만 있지 않다. 전 세계인이 각자 처한 어려운 현실 속에서 "이런 일이 왜 일어날까?"라고 질문한다.

히브리서 12장에서 저자는 동일한 질문을 하는 유대 그리스도인들에게 편지를 보낸다. 예루살렘은 로마의 장군 디도가 이끄는 군대에 포위당했다. 성전이 파괴될 위험에 처하고 절망의 먹구름이 몰려왔다. 히브리서 후반부를 보면 일부가 투옥되고(13:3) 일부는 재산을 몰수당했다.

고통과 혼란과 불확실 속에서 자연스럽게 주위를 감싼 혼란에 어떻게 대응해야 하는가 하는 질문이 떠오른다. 이런 상황에서 그리스도인들은 자신의 믿음과 신념에 의문을 품고 자신이 원하는 능력, 안정, 권위를 어디에서 찾을 수 있을지 질문한다.

오늘날의 문화는 히브리서가 쓰인 과거의 문화와 크게 다르지 않다. 수많은 사건이 우리의 의지를 뒤흔든다. 금세기 초반 추악한 정체를 드러낸 테러리즘은 우리의 생활, 우리가 세상과 자신을 보는 방식에 변화를 가져왔다. 2007-2009년의 경제 위기는 모든 미국인에게 영향을 끼쳤으며 일부 미국인은 상당한 타격을 입었다. 많은 사람이 은퇴연금과 안정적인 미래를 상실했다. 괜찮은 임금의 직장과 안정된 생활을 누릴 기회는 이제 요원하다.

최근 미국 대법원에서 동성혼이 합법화되었다. 국가 최대 권력층도 이를 지지하는 분위기다. 이혼은 사람들의 현재와 미래를 지속적으로 산산조각낸다. 심리적 외상은 역대 최고 수준이다. 현실에 대처하기 힘들어하는 사람들이 늘면서 항우울제, 신경안정제, 항불안제 처방도 함께 늘어난다. 최근 일어난 사건들은 우리나라를 불확실의 벼랑으로 몰아넣었다.

우리는 흔들리고 있다.

비슷한 상황에서 히브리서 저자는 십자가 이후의 삶에 대해 말한다. 그는 시내산과 시온산을 대조하며 설명한다. 구약시대에 하나님은 시내산에서 이스라엘 백성에게 말씀하셨다. 우리는 십자가에서 흘리신 예수 그리스도의 보혈로 우리에게 주어진 새 언약을 시온산에서 받았다. 현재 우리가 속한 곳은 시온산의 진리와 제도다. 예수 그리스도의 십자가로 인해 우리는 더 이상 시내산 아래 살고 있지 않다.

히브리서 저자는 시내산 아래의 삶이 어떠한지 설명한다.

"너희는 만질 수 있고 불이 붙는 산과 침침함과 흑암과 폭풍과 나팔 소리와 말하는 소리가 있는 곳에 이른 것이 아니라 그 소리를 듣는 자들은 더 말씀하지 아니하시기를 구하였으니 이는 짐승이라도 그 산에 들어가면 돌로 침을 당하리라 하신 명령을 그들이 견디지 못함이라 그 보이는 바가 이렇듯 무섭기로 모세도 이르되 내가 심히 두렵고 떨린다 하였느니라"(히 12:18-21).

십자가의 능력과 안정을 온전히 깨닫고 극대화하려면 그리스도가 자원하신 희생 이전의 삶이 어떠했는지 기억할 필요가 있다. 하나님이 시내산에서 십계명을 주시기 전을 생각해 보면 산이 흔들리고 연기가 나는 대단한 광경이 펼쳐졌다. 하나님의 임재로 산 전체가 흔들리자 사람들은 들을 생각도 안 하고 도망치느라 바빴다. 모세도 두려움에 떨 정도였다.

하나님의 거룩함과 완전함은 하나님 주변의 모든 것을 뒤흔들 정도로 대단하다. 예수 그리스도는 십자가에서 우리에게 만유의 하나님께 나아갈 기회를 주셨다. 십자가에서 자신을 하나님과 사람 사이의 중재자로 내어놓으셨다. 십자가에서 새로운 언약을 시작하셨다.

히브리서 기자는 우리에게 주어진 접근권과 중재를 이야기한다. 우리의 산은 시내산이 아니라 시온산이다.

"그러나 너희가 이른 곳은 시온 산과 살아 계신 하나님의 도성인 하늘의 예루살렘과 천만 천사와 하늘에 기록된 장자들의 모임과 교회와 만민의 심판자이신 하나님과 및 온전하게 된 의인의 영들과 새 언약의 중보자이신 예수와 및 아벨의 피보다 더 나은 것을 말하는 뿌린 피니라"(22-24절).

이 말씀처럼 우리는 새로운 도성으로 이주하여 새로운 나라에 산다. 우리는 진동과 불안이 있는 시내산에 살고 있지 않다. 예수 그리스도를 믿는 신자가 사는 곳은 시내산이 아니다. 예수님이 십자가에서 행하신 일 덕분이다. 예수 그리스도의 보혈로 새로운 언약이 시작되고 예수님은 우리와 하나님 사이의 중재자가 되셨다. 그리스도의 속죄의 보혈로 새로운 언약이 체결되고 예수님은 우리와 계약을 맺으셨다.

> 하나님의 거룩함은 대단하다. 예수 그리스도는 십자가에서 자신을 하나님과 사람 사이의 중재자로 내어놓으셨다.

이 언약은 "아벨의 피보다 더 나은 것을 말하는"(히 12:24) 보혈에 근거한다. 가인 때문에 죽은 아벨의 피가 땅에서부터 정의를 호소했던 것을 기억하라(창 4:10). 하나님은 그 호소에 귀를 기울이고 응답하셨다. 피는 심판을 부른다.

그러나 히브리서 저자는 십자가 보혈의 중재로 하나님과 전혀 다른 계약이 체결되었다고 말한다. 새 언약 안에서 그리스도의 보혈은 자비와 헌신을 요구한다.

삶이 엉망이고 흔들리며 불확실할 때 십자가라는 새로운 관계의 렌즈로 하나님과 그분과의 관계를 바라보라. 그렇지 않으면 모든 일이 엉망이 된다.

삶이 불안할 때

히브리서 12장 마지막 부분에서 삶이 흐트러지고 불안할 때 어떻게 하나님을 바라보아야 하는지에 대한 통찰을 얻을 수 있다.

> "너희는 삼가 말씀하신 이를 거역하지 말라 땅에서 경고하신 이를 거역한 그들이 피하지 못하였거든 하물며 하늘로부터 경고하신 이를 배반하는 우리일까보냐 그 때에는 그 소리가 땅을 진동하였거니와 이제는 약속하여 이르시되 내가 또 한 번 땅만 아니라 하늘도 진동하리라 하셨느니라 이 또 한 번이라 하심은 진동하지 아니하는 것을 영존하게 하기 위하여 진동할 것들 곧 만드신 것들이 변동될 것을 나타내심이라"(25-27절).

현재 힘겨운 시기를 보내고 있다면 이 말씀에서 히브리서 기자가 반복해서 다양한 형태로 사용한 "진동"이라는 단어를 기억하라. 당신의 세상이 진동하고 생활, 감정, 재정, 직업이 진동하는가? 당신 혼자만의 일이 아니다. 밤에 평화롭게 잠들기가 어렵다면 삶이 진동하는 것이다. 전처럼 집중하기가 어렵다면 당신의 세상이 진동하는 것이다. 전에는 행복을 느끼던 일에서 행복을 느끼기가 어렵다면 당신의 세상이 진동하는 것이다. 종종 두렵고 화가 나며 불안하고 불안정하지는 않은가?

예수 그리스도의 신자라면 당신이 새 언약의 일부라는 사실을 기억하라. 당신은 그리스도의 십자가와 관련된 모든 것과 특별하게 연결된 사람들에 속했다. 그래서 당신의 삶을 뒤흔드시는 하나님의 목표는 우리의 생각과 다르다. 십자가로 인해 우리는 하나님의 음성을 듣고 하나님께 가까이 나갈 자격을 얻었다.

하나님의 목적은 단순히 그분의 임재를 알려서 우리를 공포와 두려움과 떨림으로 이끌어 더 이상 참을 수 없으니 제발 떠나달라고 간청하게 하는 것이 아니다. 하나님이 자신의 임재를 알리시는 이유는 우리를 그분께로 가까이 이끌기 위해서다. 하나님은 우리에게 말씀하기 원하시며 우리 안에서 일하기 원하신다. 다음 말씀을 기억하라. "너희는 삼가 말씀하신 이를 거역하지 말라"(히 12:25).

지금도 말씀하는 하나님은 우리에게 하실 중요한 말씀이 있다.

어릴 때 거대한 폭풍이 몰려올 때면 우리 할머니는 텔레비전과 라디오를 끄라고 하며 "쉿, 하나님이 말씀하셔"라고 하셨다. 우리는 조용히 앉아서 "하나님의 말씀"을 들었다. 사실은 천둥소리였지만 말이다. 이처럼 우리의 삶이 흔들릴 때 우리가 가져야 할 태도와 원칙도 동일하다. 하나님은 우리가 그분께 귀 기울이기를 바라신다.

날씨가 안 좋거나 날씨가 나빠지는 것 같을 때 우리는 보통 라디오를 틀거나 일기예보를 검색해서 최신 정보를 확인한다. 일기예보가 나오면 기상캐스터의 말에 온 신경을 집중한다. 상황이 불안하고 진동하기 때문이다.

하나님이 국가적으로, 지역적으로, 개인적으로 상황을 흔들거나 흔들리게 놔두실 때는 말씀하시는 이를 거역하지 말라. 하나님이 말씀하신다. 진동이 클수록 하나님이 말씀하시는 소리가 커진다.

고통스러운 시나리오

나에게는 네 명의 자녀가 있고 이 책을 쓰는 현재 열두 명의 손자와 손녀가 있다. 지금까지 아기들의 탄생을 열여섯 번이나 경험했기 때문에 산모가 출산하는 것이 지극히 고통스럽고 불안한 경험이라는 것을 자신 있게 말할 수 있다. 산통이 있는 이유는 아이가 말을 하기 때문이다. 물론 아이는 간접적으로 말하지만 그 메시지는 분명하다. 바로 "밖으로 나가고 싶어요!"이다. 아이가 자궁 안에서 메시지를 보내면 모두가 귀를 기울인다.

이는 아이와 엄마의 임박한 분리를 전하는 강력한 분리의 메시지다. 분리의 과정은 고통스럽다. 고통이 가중될수록 아이와 엄마에게 분리와 변화의 시간이 다가온다.

힘든 상황에서 분리는 좋은 소식이다. 힘든 상황은 고통스럽고 아프다. 아프다는 것을 부인할 수 없다. 그러나 아픔 뒤에는 새로운 생명이라는 좋은 소식이 있다. 건강한 변화가 밖으로 표출된다.

성경에서 하나님이 뭔가 특별하고 놀라운 일을 하실 때가 되면 고통스러운 시나리오가 전개되었다. 하나님은 새로운 상황을 만들기 위해 고통이나 육체의 아픔을 허락하신다. 우리의 삶에 하나님이 새로운 일을 하실 때 하나님은 우리가 아직 준비되지 않았음을 아신다. 우리는 우리의 방법에 고정되어 있고, 우리의 과거에 묶여 있으며, 그릇된 사고방식에 빠져 있다. 새로운 일을 일으키기 전에 하나님은 먼저 우리 안에서 변화를 일으키신다. 우리가 준비되지 않았기 때문에 우리를 준비시키신다. 그동안 의존하던 방법과의 분리가 일어나야만 하나님을 바라보고 그분을 알아볼 수 있다.

홍해 앞에 선 이스라엘 백성을 생각해보자. 하나님은 그들을 막다른 곳으로 인도하셨다. 빠져나갈 구멍이 보이지 않았다. 뒤에는 바로가 있고 앞에는 홍해가 있다. 불확실한 상황에서 어떻게 해야 할까? 사방을 둘러봐도 보이는 건 죽음뿐이었다.

기적이 절실히 필요한 상황이 아니었다면 이스라엘 백성은 하나님이 행하시는 기적을 결코 경험하지 못했을 것이다. 하나님은 그들의 삶에 풍랑을 일으켜 그들을 문제로 이끄셔야 했다. 그래야만 이스라엘 백성에게 드러내고 싶은 그분의 모습을 보이실 수 있었다.

상황을 흔들고 우리 삶에 고통스러운 시나리으를 허락하시는 하나님은 일시적인 이곳의 세상을 무너뜨리고 영원한 것을 우리에게 보이려고 또 다른 세상을 나타내신다. 우리를 하나님이 원하시는 자리로 이끌기 위해 우리가 붙든 이 세상의 물질, 생각, 사람들에게서 우리를 뒤흔들어 분리하신다.

그래서 하나님은 우리의 삶에 단절, 중단, 불안정을 일으키신다. 이 세상과 세상의 방식에 대한 우리의 충성심을 제거하고 우리가 십자가로 우리에게 주어진 새 언약과 하늘나라를 증거하게 하시기 위해서다.

하나님이 우리의 삶에 단절을 허용하실 때는 우리에게 말씀하는 때다. 특히 우리와 하나님의 새 언약에 대해 말씀하신다. 영원한 것을 우리에게 보이기 위해 이 세상의 물질, 생각, 사람과 우리를 분리시키신다. 우리가 하나님과 하나님과의 관계가 아닌 것에 지나치게 의존하는 한, 하나님의 음성을 들을 수 없다. 하나님이 우리 삶의 온도를 계속 높이셔야 한다는 말이다.

우리가 영원한 가치가 아닌 일시적인 가치를 지닌 것과 연결되어 있다는 사실을 하나님이 보여주실 때 그 열기를 느낄 수 있다. 지진이 일어났을 때 땅을 딛고 있으면 진동과 떨림을 느낄 수 있다. 그러나 지진이 일어났을 때 비행기를 타고 있다면 어떠한 진동도 느낄 수 없다. 진동하는 것과 연결되지 않았기 때문이다. 하늘에서 보면 진동은 지나가는 일시적인 현상이다. 하나님은 십자가를 통해 우리에게 새 언약의 축복이 흘러 들어오고 나가기를 바라신다. 그러기 위해서는 하나님과 가져야 하는 관계와 언약과 맞지 않는 것에서 우리를 분리시켜야 한다.

하나님은 영원한 것을 우리에게 보이려고
이 세상의 물질, 생각, 사람들에게서 우리를 분리하신다.

진동이 일어날 때 어떻게 하면 인생의 진동을 뛰어넘고 비행기 안에 머무를 수 있을까? 하나님은 우리와의 관계나 우리를 향한 그분의 계획에 도움이 되지 않는 것은 무엇이든 제거하기 원하신다. 하나님은 제거할 것을 제거하고 우리에게 한결같은 견고한 기초 즉 그리스도의 십자가를 통한 우리와 하나님의 관계를 남기신다. 그 관계만이 끝까지 살아남는다. 앞에서 읽은 말씀에 이미 나와 있다. "이 또 한 번이라 하심은 진동하지 아니하는 것을 영존하게 하기 위하여 진동할 것들 곧 만드신 것들이 변동될 것을 나타내심이라"(히 12:27).

"또 한 번"이라고 하는 이유는 학개서 때문이다. 학개 선지자는 하나님 성전의 영광을 회복하기 위해 열방을 흔드신다는 하나님의 말씀을 선포했다. "만군의 여호와가 이같이 말하노라 조금 있으면 내가 하늘과 땅과 바다와 육지를 진동시킬 것이요 또한 모든 나라를 진동시킬 것이며 모든 나라의 보배가 이르리니 내가 이 성전에 영광이 충만하게 하리라 만군의 여호와의 말이니라"(학 2:6-7).

하나님은 학개에게 세상을 옮기기 위해 진동시키겠다고 하셨다. 어린아이의 돼지저금통을 생각하면 이해하기 쉽다. 저금통 안에 든 돈을 꺼내려면 저금통을 흔들어야 한다. 하나님은 자신의 백성을 한 나라에서 다른 나라로 옮기기 위해 세상을 흔들겠다고 하셨다.

흔들리지 않는 나라

십자가에서 이런 일이 일어난다. 그리스도의 보혈은 모든 믿는 사람과 하나님의 교회가 하나님과 새로운 나라의 새로운 계약을 체결하도록 중재한다. 그 계약을 새 언약이라고 한다. 그러나 새 언약이 우리 삶에 나타나려면 하나님이 먼저 우리 영의 동맥을 불법적으로 막고 있는 장애물과 우리를 분리시키셔야 한다. 하나님은 하나님께 속하지 않은 것, 하나님과의 관계를 방해하는 것과의 연결과 의존을 제거하신다.

세상에는 결코 해결 방법이 없어서 하늘이 개입해야만 위기에서 빠져나올 수 있었던 내 인생 최대의 경험이 떠오른다. 여기서 내가 말하는 '세상'은 이 세상의 프로그램, 생각, 방법을 말한다. 당시 내가 깨달은 사실은 내가 이전에 의지하던 것, 심지어 나 자신조차도 흔들릴 수 있다는 것이다. 그러나 언제나 한결같은 분이 계셨고 결국 그분의 개입으로 상황이 해결되었다. 당시 나에게 안정을 주신 그분은 바로 하나님이다. 히브리서를 보면 십자가를 통해 하나님이 주신 진동하지 않는 것을 제외하고 진동하는 모든 것을 제거하려고 그분은 모든 것을 흔드신다. 하나님이 주시는 것만이 강하고 안정적이며 우리가 의지할 수 있는 것이다.

히브리서는 이렇게 결론내린다. "그러므로 우리가 흔들리지 않는 나라를 받았은즉 은혜를 받자 이로 말미암아 경건함과 두려움으로 하나님을 기쁘시게 섬길지니 우리 하나님은 소멸하는 불이심이라"(히 12:28-29).

예수 그리스도의 십자가는 모든 신자 안에서 흔들릴 수 있는 모든 것을 흔들리지 않는 나라로 바꾼다. 우리는 흔들리지 않는 나라의 입장권을 받았다. 주식 시황, 은행계좌, 직장, 동료, 가족, 건강, 관계 등 눈에 보이는 것만 바라볼 때 우리는 흔들릴 것이다.

그러나 흔들리지 않는 예수 그리스도의 십자가에 시선을 고정하는 사람은 흔들리지 않는다. 세상의 권세와 다른 권세, 전혀 다른 왕을 섬기기 때문이다. 세상이 무너지는 느낌이 드는 그 순간에도 당신에게 말씀하시는 하나님의 음성을 거부하지 말고 반드시 귀 기울여 들어야 한다. 하나님은 지속적인 평화, 지혜, 안정을 주지 않는 것과 우리를 떼어놓으려고 애쓰신다. 우리를 둘러싼 세상이 무너질 때 예수 그리스도와 십자가를 통해 우리에게 주신 새 언약의 약속에 시선을 고정하라. 그러면 상황과 함께 무너지지 않을 수 있다.

붉은 줄

개인적으로 좋아하는 성경 이야기 가운데 여리고성 사건이 있다. 여호수아와 군대가 여리고성을 돌아서 성벽이 무너진 이야기보다는 성벽의 일부, 안전히 보존된 성벽 한구석에서 일어난 사건이다.

여리고를 둘러싼 모든 것이 무너지고 흔들릴 때 라합이라는 여인의 집만은 무너지지 않았다. 라합의 집은 여리고성 외벽에 있었다

(수 2:15). 라합은 두 정탐꾼을 자신의 집에 들여서 왕이 보낸 사람들에게서 숨겨준 덕분에 하나님과 언약 관계에 있는 이스라엘 백성과 동일 선상에 있게 되었다. 그래서 여리고성이 무너질 때 라합의 집과 가족만은 안전할 수 있었다(수 6:22-23). 라합이 흔들리지 않는 나라의 왕 편에 서고 하나님의 보호와 언약 아래 자신을 둔 덕분이었다.

창밖에 붉은 줄을 걸어둠으로 유일하신 참 하나님과의 관계를 표시한 라합이라는 창녀의 집을 제외한 여리고성 전체가 무너졌다.

십자가에 달리신 예수님의 생명은 예수님께 믿음을 둔 사람들을 새로운 언약의 관계로 이끄는 붉은 줄이다. 삶이 흔들릴 때는 시선을 예수님께 고정하고, 그분의 언약과 당신이 흔들리지 않는 나라에 속했다는 사실을 기억하라.

인생의 기초와 안정

인생에는 시험이 따른다. 하나님은 우리에게서 제거되어야 할 것을 흔들어 보이려고 종종 시험을 사용하신다. 하나님은 질투하는 분이며 앞에서 보았듯 "소멸하는 불"이시다.

구약시대에 불로 소멸하는 제사를 드린 목적은 하나님과 사람 사이에 죄를 심판하고 정결케 하기 위해서다. 그리스도의 십자가는 "소멸하는 불"이신 하나님 앞에서 우리 대신 드린 희생제사였다. 예수님은 우리 삶의 안정이자 기초이다.

따라서 당신의 삶이 엉망이더라도 하나님은 당신에게 심판을 내리지 않으신다. 당신을 쫓아내려고 애쓰지 않으신다. 물론 하나님은 사랑하는 자를 징계하는 분이므로 우리를 징계하실 수 있다. 우리가 의지해서는 안 되는 것에서 우리를 떼어내신다. 그러나 우리를 벌하기 위해 심판하지는 않으신다. 그리스도가 십자가에서 우리가 받을 형벌을 감당하셨기 때문이다.

하나님이 우리의 삶에 주신 시험과 고통에는 목적이 있다. 흔들리지 않는 나라를 날마다 경험하는 삶으로 우리를 옮기는 것이다.

우리는 회사나 교회에 갈 때 입을 근사한 외출복을 다림질해서 준비한다. 주름진 옷을 입어서 주위 사람들에게 깔끔치 않은 모습을 보이고 싶지 않아서다. 다리미에 전기를 연결해서 예열한 뒤 천천히 앞뒤로 움직이며 옷의 주름을 편다.

다리미의 열기, 압력, 세기가 옷에 전달된다. 옷이 탈 수도 있기 때문에 뜨거운 다리미를 바로 갖다 대지는 않는다. 옷 주름을 펴서 원하는 상태가 될 때까지 확인하며 조심스럽게 다림질한다.

소멸하는 불이신 하나님은 하나님을 영화롭게 하지 않는 것과 우리를 떼어놓으려고 우리 삶에 열을 허락하신다. 사람들 가운데서 하나님을 드러내고 창조주를 잘 섬기는 의로운 옷을 우리에게 입히시기 위해서다. 하나님은 우리의 삶으로 영광받기 원하신다. 우리를 축복하기 원하시며 우리가 믿음으로 그 축복을 받는 사람이 되기를 바라신다.

십자가는 주위의 흔들리는 상황과 상관없이 흔들리지 않는 나라로 우리를 이끄시는 하나님과의 새로운 언약을 제시한다. 아무리 어렵고 출산의 고통처럼 힘겨운 상황 가운데 있더라도 하나님을 신뢰하라. 그분께 귀를 기울이라. 그분을 바라보라. 그분을 경외하라. 그분께 반응하라. 그분께 믿음을 두라. 하나님은 우리를 다치게 하는 분이 아니시다. 우리의 삶에서 영원한 가치가 없는 것, 일시적인 가치조차 없는 것을 보여주려고 하실 뿐이다.

십자가는 우리의 안식이다. 십자가는 우리가 지금 경험하는 것이 심판이 아니라는 확증이다. 오히려 우리 삶에 찾아오는 시험은 하나님 아래 누리는 안정과 영속성, 새로운 언약이라는 보물을 드러내는 수단이다. 흔들리는 것에서 우리를 해방하고 분리시켜 흔들리지 않는 것 즉 하나님과 그분의 나라를 더욱 폭넓게 경험하게 하는 것이 시험의 목적이다.

10장

구원

 출산을 앞둔 산모에게 구원은 진통에서 해방되는 것이다. 빠져나갈 데 없는 깊은 협곡에 떨어진 등산객에게 구원은 밧줄, 바구니, 헬리콥터다. 위협적인 토네이도를 맞닥뜨린 농부에게 구원은 지하 저장고로 내려가는 철문이다.

 살다보면 무언가로부터 구원이 필요한 순간이 있다. 살면서 위기나 어려움이 전혀 없고 인간적인 약점도 없는 사람은 극히 드물다. 반드시 극적이거나 생사가 걸린 상황일 필요는 없다. 구원은 무언가에서 해방되고 풀려나는 것이다. 우리를 외적으로 구속하는 속박을 제거하는 것이다. 우리를 가로막는 증상이나 중독의 치유가 될 수도 있다.

 로마서 5장에서 바울은 십자가가 지닌 구원의 능력을 강조한다. "우리가 아직 연약할 때에 기약대로 그리스도께서 경건하지 않은 자를 위하여 죽으셨도다 의인을 위하여 죽는 자가 쉽지 않고 선인을 위하여 용감히 죽는 자가 혹 있거니와 우리가 아직 죄인되었을 때에 그리스도께서 우리를 위하여 죽으심으로 하나님께서 우리에 대한 자기의 사랑을 확증하셨느니라"(롬 5:6-8).

우리에게 사랑스러운 면이 전혀 없을 때 그리스도가 우리를 위해 목숨을 버리심으로써 자신의 사랑을 보이셨다. 우리가 그분의 원수였을 때 우리를 구원하셨다. 우리가 그분을 거역할 때 우리를 그분께 이끄셨다. 우리가 반대편에 서서 그분을 신경 쓰지 않을 때 기꺼이 길을 건너서 길을 내셨다. 우리의 죄악을 아시면서도 우리에게 그분의 최고를 주셨다.

많은 사람이 사랑에 대해 말하지만 하나님은 사랑을 몸소 보이셨다. 사랑을 보이실 뿐만 아니라 거기에 무언가를 더하셨다. 그것은 바로 구원이다. 이 말씀으로 십자가가 지닌 구원의 능력을 확인해보자.

> "그러면 이제 우리가 그의 피로 말미암아 의롭다 하심을 받았으니 더욱 그로 말미암아 진노하심에서 구원을 받을 것이니 곧 우리가 원수 되었을 때에 그의 아들의 죽으심으로 말미암아 하나님과 화목하게 되었은즉 화목하게 된 자로서는 더욱 그의 살아나심으로 말미암아 구원을 받을 것이니라 그뿐 아니라 이제 우리로 화목하게 하신 우리 주 예수 그리스도로 말미암아 하나님 안에서 또한 즐거워하느니라"(9-11절).

이 말씀으로 볼 때 그리스도의 보혈로 의롭다 하심을 받고 그리스도를 믿을 때에만 자신의 죄가 용서받을 수 있음을 믿고 그리스도가 자신의 구세주라고 믿는 사람은 다른 무언가를 받는다. "더욱 그로 말미암아"라는 표현에서 그 단서를 찾을 수 있다.

"더욱 그로 말미암아"는 무엇을 의미하는가?

지옥과 진노에서의 구원

"더욱 그로 말미암아"라는 말을 이해하려면 9절의 "구원"이라는 단어를 살펴보아야 한다. 구원은 말 그대로 구출 또는 구조를 의미한다. "나는 구원받았다"라고 말하는 사람은 무언가에서 구조 또는 구출되었다는 뜻이다. 예수 그리스도가 우리의 죄를 담당하신다는 사실을 받아들이는 사람은 하나님과의 영원한 분리 즉 성경이 말하는 지옥에서 구원받는다. 그러나 바울이 여기서 말하는 "더욱 그로 말미암아"는 지옥에서의 구원과 상관이 없다. 바울은 지옥에서의 구원과 더불어 예수님의 죽음으로 말미암아 우리가 하나님의 진노에서 구원을 얻는다고 말한다.

하나님의 진노는 어떤 의미이며 어떤 모습일까? 이 구절의 의미를 제대로 파악하려면 좀 더 깊은 신학적 연구가 필요하다. 성경과 관련이 있는 두 가지의 신학이 있는데 바로 조직신학과 성경신학이다.

조직신학을 배우는 학생들은 성경의 진리로 성경에서 말하는 모든 것을 진리의 차원에서 검토하고 거기서 발견한 원리들을 조직화한다. 그래서 조직신학이라고 부른다. 그러나 어떤 주제를 성경에서 이렇게 말했다고 해서 해당 주제와 관련된 다른 구절에도 이를 동일하게 적용할 수는 없다. 각 구절을 맥락으로 파악하고 정리해야 한다. 제대로 파악하려면 끊임없이 조직화하고 정리해야 한다.

예를 들어 하나님의 거룩을 연구하려면 성경 한 구절, 한 장, 한 권만을 파악해서는 안 된다. 하나님의 거룩을 논하는 각 구절을 찾아보고, 서로 비교할 때 비로소 하나님의 거룩을 제대로 이해할 수 있다.

성경을 연구하는 또 다른 방법에는 성경신학이 있다. 조직신학에서는 어떤 주제에 대해 성경이 어떻게 말하는지를 전부 찾는다. 반면 성경신학에서는 해당 주제에 대해 특정 저자가 어떻게 말하는지를 살펴본다. 다시 말해 성경신학은 해당 맥락에서 설명하는 내용이나 특정 인물이 특정 성경에서 설명하는 내용만을 탐구한다. 해당 주제를 성경 전체에서 어떻게 말하는지 전부 파헤치지는 않는다.

그런 면에서 성경신학은 조직신학의 선결 조건이 된다. 특정 주제의 맥락, 성경, 저자를 이해하는 것이 먼저이기 때문이다. 거기에서 얻은 통찰을 바탕으로 같은 주제에 대해 다른 구절에서는 어떻게 말하는지 살펴봐야 조직적으로 더 깊이 연구할 수 있다.

성경신학으로 특정 용어를 파악하려면 동일한 성경에서 저자가 해당 용어를 언제 어떻게 사용했는지 살펴봐야 한다. 저자가 사용한 곳을 모두 확인하고 용어의 의미를 바꾼 경우가 없다면 그 개념을 처음 사용했을 때의 의도로 해당 용어의 의미를 파악해도 무방하다.

이 모든 과정이 특정 성경 안에서 이루어진다는 것을 명심하라. 로마서에서 사용된 용어를 요한계시록에서 어떻게 사용했는지 찾아

본 다음 로마서에 적용하는 것은 성경신학의 방법이 아니다. 로마서의 용어를 확인하려면 로마서에 쓰인 용례를 연구해야 한다.

하나님의 진노가 무엇인가에 대한 질문의 답을 찾기 위해 먼저 성경신학의 방식을 사용해보자. 이 구절에서 바울이 지옥에 대해 말하는가 아니면 다른 주제를 말하는가? 바울이 그 말을 처음 사용한 로마서 1장을 보면 그가 다른 주제에 대해 말한다는 것을 확인할 수 있다. 말씀을 보고 직접 확인해보자. "하나님의 진노가 불의로 진리를 막는 사람들의 모든 경건하지 않음과 불의에 대하여 하늘로부터 나타나나니 이는 하나님을 알 만한 것이 그들 속에 보임이라 하나님께서 이를 그들에게 보이셨느니라"(롬 1:18-19). 바울은 하나님의 진노가 하늘로부터 나타난다고 했다. 이후 구절을 읽어보면 진노가 어떻게 나타나는지 명확해진다. 잠시 20-32절을 읽어보자. "하나님의 진노"를 정확히 파악하려면 십자가의 구원하는 능력에 대한 이해가 필요하다.

"창세로부터 그의 보이지 아니하는 것들 곧 그의 영원하신 능력과 신성이 그가 만드신 만물에 분명히 보여 알려졌나니 그러므로 그들이 핑계하지 못할지니라 하나님을 알되 하나님을 영화롭게도 아니하며 감사하지도 아니하고 오히려 그 생각이 허망하여지며 미련한 마음이 어두워졌나니 스스로 지혜 있다 하나 어리석게 되어 썩어지지 아니하는 하나님의 영광을 썩어질 사람과 새와 짐승과 기어 다니는 동물 모양의 우상으로 바꾸었느니라 그러므로 하나님께서 그들을 마음의 정욕대로 더러움에 내버려 두사 그들의 몸을 서로 욕되게 하게 하셨으니 이는 그들이 하나님의 진리를 거짓 것으로 바꾸어 피조물을 조물주보다 더 경배하고 섬김이라 주는 곧 영원히 찬송할 이시로다 아멘 이 때문에 하나님께서 그들을 부끄러운 욕심에 내버려두셨으니 곧 그들의 여자들도 순리대로 쓸 것을 바꾸어 역리로 쓰며 그와 같이 남자들도 순리대로 여자 쓰기를 버리고 서로 향하여 음욕이 불 일 듯하매 남자가 남자와 더불어 부끄러운 일을 행하여 그들의 그릇됨에 상당한 보응을 그들 자신이 받았느니라 또한 그들이 마음에 하나님 두기를 싫어하매 하나님께서 그들을 그 상실한 마음대로 내버려두사 합당하지 못한 일을 하게 하셨으니 곧 모든 불의, 추악, 탐욕, 악의가 가득한 자요 시기, 살인, 분쟁, 사기, 악독이 가득한 자요 수군수군하는 자요 비방하는 자요 하나님께서 미워하시는 자요 능욕하는 자요 교만한 자요 자랑하는 자요 악을 도모하는 자요 부모를 거역하는 자요 우매한 자요 배약하는 자요 무정한 자요 무자비한 자라 그들이 이 같은 일을 행하는 자는 사형에 해당한다고 하나님께서 정하심을 알고도 자기들만 행할 뿐 아니라 또한 그런 일을 행하는 자들을 옳다 하느니라"(20-32절).

이 구절에서 바울이 "진노"라는 용어를 어떤 의미로 이 문맥에 사용했는지 알 수 있다. 그는 세상에서 남자와 여자들이 하는 행동과 당시에도 있었고 지금도 있는 일들을 나열했다. 인간의 불순종과 하나님을 거역한 행위에 대한 반응으로 일어난 진노는 분노의 외적인 표출이다. 하나님이 화나셨다고 말만 하는 것이 아니라 하나님이 화나셨다는 가시적인 증거다. 분노의 감정만이 아니라 외적 표출을 말하는 것이다. 이는 더 이상 감춰진 비밀이 아니다. 하나님은 독생자 예수 그리스도를 우리를 대신하여 제물로 삼으심으로 우리를 향한 사랑을 외부로 보이셨듯, 그분의 불쾌감을 밖으로 표현하신다. 이것이 진노다.

눈에 보이는 하나님의 진노

위 구절에서 눈에 보이는 진노가 무엇인지 알 수 있다.

"하나님이 그들을…내버려두사"(24절).

"이 때문에 하나님께서 그들을…내버려두셨으니"(26절).

"또한 그들이 마음에 하나님 두기를 싫어하매 하나님께서 그들을 그 상실한 마음대로 내버려두사"(28절).

로마서 1장에서 바울이 정의한 진노는 지옥에서 하나님과 영원히 분리되는 것이 아니라 죄의 영향으로 하나님이 사람들을 돌아보지 않으시는 것을 말한다. 죄의 결과가 진행될 때 하나님은 긍휼과 은혜를 잠시 유보하신다. 하나님이 자신의 보호와 안전을 거두고 사람이 육신의 타락을 추구하며 그로 인한 결과를 삶과 관계에서 감내하도록 내버려두시는 것은 하나님의 소극적인 진노다.

하나님이 죄로 인한 결과의 밸브를 열고 그분의 일반 은혜를 닫으시는 것이 바로 하나님의 진노다. 바울 시대에 일어났던 일이 오늘날에도 여러 차원에서 일어난다. 사람은 하나님이 한걸음 물러서 "알아서 해라"라고 하실 정도로 하나님께 거역하는 쪽을 선택한다. 성령의 보호가 사라지면 죄의 영향을 통해 죄의 심판이 들어온다.

에이즈(후천성면역결핍증)와 그 원인이 되는 HIV(Human Immunodeficiency Virus) 감염은 하나님의 소극적 진노를 보여주는 완벽한 예다. 하나님의 성적 도덕과 의무를 따르는 이성끼리의 일부일처 관계에는 HIV가 틈타지 못한다. 하나님의 통치 아래 사는 남자와 여자에게는 HIV가 들어갈 자리가 없다. 그러나 남자와 여자가 하나님이 예비하신 결혼 계획이 아닌 삶의 방식을 택하면 그분의 소극적 진노에 따라 여러 파트너와 성관계한 행위의 결과가 따른다. 주삿바늘로 전염되는 마약 중독자들의 에이즈 감염은 국가와 연방 법률을 어기고 권위자들을 무시한 결과다.

또 다른 사례로 2008년의 경기 침체를 야기한 미국의 경제적 악행을 들 수 있다. 바울은 사람들이 "탐욕"(롬 1:19)이 가득하다고 했다. 생각해 보면 소비자, 은행가, 모기지 회사의 탐욕이 쌓이고 쌓여서 하나님이 국가적 재정 파탄을 허용하시는 상태에 이르렀다. 많은 사람이 돈을 벌기 위해 자격 기준을 낮춘 모기지 업체들의 유혹에 넘어가서 형편에 맞지 않는 주택을 구입했다. 대출기관이 승인한 서브프라임 모기지 때문에 주식시장 붕괴, 주택 가격 급락, 수천 건의 주택 차압이 발생했다. 경제 붕괴는 단순히 재정 관리를 잘못해서 일어난 게 아니다. 탐욕이 쌓이고 쌓여 생긴 심판의 결과다.

하나님이 긍휼의 손을 거두고 죄의 결과가 활개치도록 내버려두실 때 하나님의 진노가 일어난다.

우리의 회개, 그리스도의 중재

앞에서 살펴본 진노의 정의를 바탕으로 이번 장의 핵심 구절인 로마서 5장 9-11절을 보자. 바울은 "그러면 이제 우리가 그의 피로 말미암아 의롭다 하심을 받았으니 더욱 그로 말미암아 진노하심에서 구원을 받을 것이니"(9절)라고 했다. 우리의 죄를 십자가로 가져가면 예수 그리스도가 흘리신 보혈로 용서받는다는 것을 신뢰할 때, 구세주가 우리의 죄를 영원히 사하실 뿐 아니라 그리스도의 생명이 우리의 죄가 만든 현재 상황에서 우리를 구원한다. 이것이 그리스도가 주시는 구원이다.

왜 구원이 필요한가? 그리스도인이든 비그리스도인이든 모든 사람에게 죄로 인한 물리적이고 가시적 결과가 일어난다. 그리스도인이 성령을 떠나 시기, 질투, 악독, 성적 타락을 행하면 다른 사람들과 동일한 결과를 맞이한다. 그리스도의 십자가는 우리로 하여금 예수님께 우리의 죄를 가져가 그분의 용서와 치유의 손길을 간구하게 한다. 예수님은 우리를 하나님의 소극적 진노에서 구원하실 수 있다.

그래서 회개가 중요하다. 예수 그리스도는 우리를 위해 중보하신다. 우리를 위해 중보할 뿐만 아니라 미식축구의 리드 블로커처럼 우리를 공격하는 원수의 시도를 무마시키신다. 사탄은 우리 삶에서 죄의 결과가 일으키는 영향을 이용하고 극대화하는 데 명수다. 사탄은 죄의 결과를 실제보다 더욱 악화시키려고 수치와 죄책감으로 왜곡시킨다. 그러나 십자가에서 이루신 하나님의 희생적 사랑을 온전히 깨닫고 예수님 앞에서 자신의 죄를 회개하면, 삶의 문제를 헤쳐나가도록 예수님이 길을 여신다. 우리에게 하나님의 구원이 예비되었다는 사실을 온전히 깨닫기 위해서는 우리의 죄 즉 태도, 행동, 생각으로 지은 모든 죄를 십자가 아래 두어야 한다.

십자가를 의식하지 않고 십자가와 상관없이 살 때 우리와 하나님 사이의 거리가 벌어진다. 마치 지구를 비추는 태양과 같다. 태양은 언제나 빛나지만 우리는 매일 몇 시간씩 어둠(밤)을 경험한다. 우리가 있는 부분이 태양을 향하지 않기 때문이다. 빛을 향하지 않을 때 어둠이 찾아온다. 마찬가지로 로마서 5장의 기록처럼 하나님의 진리를 감추고 하나님에게서 고개를 돌리면 하나님께 얼굴을 향하지 않은 결과로 찾아오는 어둠을 경험하게 된다.

하나님은 빛이시다. 빛에서 멀어질 때 우리는 어둠 속을 걷게 된다. 십자가의 구원은 우리를 하나님의 기준, 하나님의 사랑, 하나님의 긍휼이라는 진리로 되돌려놓는 일을 한다. 죄의 결과와 죄가 우리 삶에 가져온 여파의 속박에서 우리를 해방시킨다.

그렇다고 해서 죄의 결과를 전혀 경험하지 않는다는 말은 아니다. 하나님은 언제나 모든 것에서 우리를 구원하지는 않으신다. 그러므로 우리를 향한 하나님의 최선을 누리고, 하나님이 그분의 긍휼과 은혜로 우리를 덮으시는 자리에 있는 것이 중요하다.

시인과 믿음

지금까지 로마서에서 십자가가 지닌 구원의 능력을 살펴보았다. 로마서 10장에 그동안 많은 사람이 혼란스러워한 구절이 있다. "네가 만일 네 입으로 예수를 주로 시인하며 또 하나님께서 그를 죽은 자 가운데서 살리신 것을 네 마음에 믿으면 구원을 받으리라 사람이 마음으로 믿어 의에 이르고 입으로 시인하여 구원에 이르느니라"(롬 10:9-10).

여기서 바울은 우리가 구원을 얻기 위해 해야 하는 행동 두 가지를 말한다. 바로 입으로 시인하고 마음으로 믿는 것이다. 문제는 구원을 얻는 방법을 설명하는 신약의 모든 구절이 한 가지만 하면 된다고 말하는 것이다. 그것은 바로 믿는 것이다(요 3:16; 행 16:31; 요 5:24; 롬 4:5). 그런데 로마서에서는 한 가지를 더 요구하는 것처럼 보인다. 성경에 모순이 있거나 로마서 말씀에 다른 의미가 있다고 볼 수밖에 없다.

이 딜레마에 대한 해결책은 말씀의 문맥에서 찾을 수 있다. 이 구절에서 바울은 죄인들에게 조언하거나 성도가 되는 법을 말하는 게 아니다. 그는 성도들에게 현재의 죄에서 구원을 얻는 방법을 설명한다. 천국에 가려면 반드시 주 예수 그리스도를 믿어야 한다. 그러나 천국이 우리에게 오기 위해서는 주 예수 그리스도를 시인해야 한다.

누군가가 예수 그리스도를 자신의 구세주로 영접하면(믿으면) 예수님의 의가 그 사람의 의로 인정(전가)된다. 이제 그는 영원히 구원받았다. 그러나 예수 그리스도를 부활의 주님이라고 공개적으로 시인할 때, 바로 지금 이곳의 역사에서 그분의 구원을 받는다. 십자가와 예수 그리스도의 부활은 죽음을 초래하는 죄의 결과에서 자기 백성을 구하시는 하나님의 구원과 직접적인 관계가 있다.

지금까지 구원이라는 말에 대해 살펴보았다. 장차 천국에 갈 많은 사람이 지금 이곳의 역사에서 천국을 경험하지 못하는 이유는 그들이 믿기는 하지만 입으로 시인하지 않기 때문이다. 자신의 죄를 사함 받기 위해 예수 그리스도를 믿기로 결단했지만 말이나 행동으로 예수님을 자신의 주님이라고 공개적으로 계속 시인하고 선포하지 않기 때문이다.

우리 주 예수 그리스도

성경시대에 로마의 그리스도인들은 말과 행동으로 예수를 주로 시인했다는 이유로 재판장 앞에 서야 했다. '주'라는 말은 최고 지배자, 최고 권위를 의미한다. 로마 당국은 그리스도인들에게 가이사를 주로 인정하고 예수가 최고 통치자와 권위자라는 것을 부인하게 하려고 노력했다. 예수를 믿는 것만으로는 처형되거나 사자 먹잇감이 되지 않았다. 그러나 예수를 정당한 통치자이자 주로 믿는 그리스도인은 가혹한 처벌을 받았다. 여기에는 차이가 있다.

우리가 삶에서 하나님의 구원을 더 많이 경험하지 못하는 이유는 우리가 예수님을 구세주로는 인정하지만 주님으로는 인정하지 않기 때문이다. 그리스도와 한 몸인 우리는 그분의 노예가 아니다. 노예의 임무는 주인이 시키는 대로 하는 것이다.

오늘날 많은 그리스도인의 삶에서 예수님은 다른 주인들과 경쟁을 벌이셔야 한다. 그러나 예수님은 여러 주인 가운데 하나가 될 생각이 전혀 없으시다. 어떤 협회나 클럽의 멤버가 되실 의향도 없다. 그분은 누군가의 개인 비서로 강등되실 수도 없다. 주 예수님이라는 말은 예수님이 최고 통치자이자 주인이라는 말이다. 예수님이 모든 일을 지휘하신다. 우리가 하는 모든 일 가운데 인정받으실 분은 오직 예수님뿐이다.

십자가의 구세주는 원하지만 다시 사신 주님은 원하지 않는 사람들이 많다. 많은 그리스도인이 그리스도를 공개적으로 부인한 결과를 경험하는 이유가 여기에 있다. 그들은 결국 성부 하나님 앞에서 그리스도께 부인을 당할 것이다. 이러한 부인이 어떻게 일어날까? 구약과 신약의 여러 구절에서 통찰을 얻을 수 있다. 다음 말씀을 보자.

"사람이 마음으로 믿어 의에 이르고 입으로 시인하여 구원에 이르느니라"(롬 10:13).

"하나님의 뜻을 따라 그리스도 예수의 사도로 부르심을 받은 바울과 형제 소스데네는 고린도에 있는 하나님의 교회 곧 그리스도 예수 안에서 거룩하여지고 성도라 부르심을 받은 자들과 또 각처에서 우리의 주 곧 그들과 우리의 주 되신 예수 그리스도의 이름을 부르는 모든 자들에게"(고전 1:1-2).

"누구든지 여호와의 이름을 부르는 자는 구원을 얻으리니"(욜 2:32).

이 말씀들만 봐도 부르심을 받은 사람들은 영원의 관점에서 이미 구원받았음을 알 수 있다. 그들은 "성도라 부르심을 받은 자들"이다. 구원은 영원의 관점에서의 구원을 의미하지 않는다. 위의 구절과 로마서 10장 말씀에서 구원은 역사의 관점에서 하나님의 도우심을 뜻한다. 주 예수의 이름을 부르는 것은 하늘을 이 땅으로 내려오게 하는 행위다.

설명을 돕기 위해 내가 현재 겪는 문제나 상황 속에서 구원을 얻기 위해 하나님의 이름을 불렀다고 하자. 나로서는 도저히 견디기 어렵고 극복하기 어렵기 때문에 구원이 절실하다. 그래서 주 예수의 이름을 부른다. 그러면 성부 하나님이 성자 하나님께 말씀하신다. "아들아, 토니 에반스가 나를 불렀구나. 지금 상황에서 구출되고 싶은 모양이다. 어떻게 할까?"

그러면 예수님이 대답하신다. "아버지, 토니 에반스는 제 이름을 결코 공개적으로 시인하지 않아요. 저와의 관계를 부끄러워합니다. 자신의 결정에 제 영향력이 미치기를 원하지 않아요. 종교에 대한 주제가 나올 때마다 화제를 돌리죠. '하나님'이라는 이름은 사용하지만 '예수 그리스도'라는 제 이름은 말하지 않아요. 자신의 믿음을 누군가와 나누지도 않아요. 아버지가 그의 구원 요청을 들어주시면 저를 부인할 또 다른 기회를 주시는 거예요. 저를 부인하는 토니의 요청을 부인하시는 게 옳다고 봅니다."

다행히도 위의 내용은 일단 문자적으로는 내게 전혀 해당되지 않는다. 나는 평생 예수 그리스도를 공개적으로 시인하며 살았기 때문이다. 내 말의 요점을 알 것이다. 우리는 구원을 얻기 위해 주의 이름을 부른다. 그러나 로마서 10장 9-10절의 내용을 바탕으로 볼 때 우리가 부르는 주 예수의 이름을 시인하지 않으면 우리의 요청을 거부당할지도 모른다. 하늘의 권세와 권능을 이 땅에서 경험하려면 말과 행동으로 예수 그리스도를 주로 시인해야 한다.

> 하늘의 권능을 이 땅에서 경험하려면
> 예수 그리스도를 주로 시인해야 한다.

예수님이 주시는 영원한 구원을 믿고 예수님의 역사적 구원을 공개적으로 시인하라. 우리의 삶에 대한 예수님의 개입과 투자는 우리가 주 예수를 말과 행동으로 선언하는가 여부에 달려 있다. 바울은 디모데에게 담대히 말했다. "그러므로 너는 내가 우리 주를 증언함과 또는 주를 위하여 갇힌 자 된 나를 부끄러워하지 말고"(딤후 1:8).

이 땅에서 구원의 능력을 얻기 위해서만이 아니라 예수 그리스도를 우리 삶의 주인으로 인정하고 선포해야 한다. 입으로 공개적인 선포를 통해 우리의 말과 행동으로 사람들에게 예수 그리스도가 우리의 주님이고 주인이심을 알게 해야 한다. 주님과의 관계와 주님 아래 있다는 사실을 부끄러워하지 않는다는 것을 사람들에게 보여야 한다. 예수님은 십자가의 구속을 통해 지금은 하늘에서 하나님 보좌 우편에 앉아 계신다. 그분의 보혈로 완성된 새로운 언약으로 우리의 삶과 세상이 새롭게 조정되어, 언약의 보호와 안전을 받게 되었다.

"보혈로 간구한다"라는 말을 들어보았을 것이다. 여기서 말하는 것은 언약의 보혈이다. 이때 언약의 보혈로 간구하는 것은 마법의 주문을 중얼거리는 것이 아니다. 예수 그리스도를 우리 삶의 주인이자 세상의 통치자로 인정하는 언약의 계약 조건 아래서 간구하는 것이다.

11장

기념

나는 본래 설교자다. 하나님은 내 안에 하나님의 말씀을 전하는 일에 대한 열정과 욕구를 주셨다. 나는 십대 때부터 말씀을 전했다. 주차된 트럭 뒤에 올라가 거리 코너에서 설교하거나 소규모 천막집회에서 말씀을 전했다. 어디에서 얼마나 전하는지는 상관없었다. 나는 언제나 말씀을 전하는 일을 갈망하고 사랑했다.

주일 오전은 일주일의 백미다. 내가 40년 넘게 목회한 우리 교회에는 두 번의 예배가 있고 설교 시간은 보통 45분에서 1시간 쯤이다. 전체 예배 시간은 2시간 정도다. 내가 아무리 설교하기를 좋아하고 매주 전하는 메시지에 온 힘을 다할지라도 예배에서 가장 중요한 부분은 설교가 아니다.

물론 설교는 중요하다. 설교는 교훈을 주고 영감을 불어넣지만 예배에서 가장 중요한 요소는 아니다. 찬양도 마찬가지다. 물론 찬양을 통한 경배는 하나님과 친밀한 사귐을 갖는 데 핵심 요소가 된다.

그러나 주일 오전 예배에서 가장 중요한 요소는 성찬이다. 우리는 매주 성찬을 나눈다. 예배에서 가장 중요한 성찬이 가장 덜 중요하게 여겨지고 가장 적게 활용된다는 사실이 나는 무척 안타깝다.

성찬 예식은 우리의 삶에서 하나님의 독특한 임재와 권능을 여는 열쇠다. 성찬은 예수님이 죽으신 십자가로 우리를 인도한다. 또한 하나님과 우리의 관계에서 핵심이 된다. 성찬의 모든 경험이 우리를 하나님과의 더 깊은 관계로 인도한다. 그러나 우리는 대부분 성찬의 의미를 제대로 인식하지 못하고 그 가치를 최대한 활용하지 못한다.

너무 많은 사람이 일반화된 성찬식 분위기 속에서 단순히 행동으로만 성찬의 떡을 먹고 잔을 받는다. 거기에 진심이 없다는 말이 아니다. 회개와 감사가 없다는 말도 아니다. 다만 우리가 성찬의 참된 의미를 마음과 생각에 온전히 담아내지 못한다는 것이다. 처음 구원받았을 때부터 해왔기 때문에 무엇을 어떻게 다르게 해야 할지도 모른다. 십자가와 성찬의 관련성에 대한 성경적 가르침이 주일 오전 설교나 성경공부의 주제로 다뤄지지 않는 것도 문제다.

게다가 많은 교회가 성찬식을 정기적으로 하지 않고 특별한 절기에만 한다. 성찬식을 하더라도 성찬에 담긴 전체 진리를 묵상하고 반영하기보다 성찬의 진리 가운데 일부 핵심에만 집중한다.

그리스도인이 주의 만찬, 성찬, 주님의 만찬, 성체성사 등 다양하게 불리는 성찬식의 목적과 능력을 온전히 깨닫고 적용한다면 우리의 삶에 엄청난 변화가 일어날 것이다. 단순히 주님을 향한 우리의 마음이 달라진다는 말이 아니라 그리스도가 십자가에서 우리를 위해 성취하신 일과 일상에서 유익을 얻도록 예비하신 그 권세와 능력을 경험할 수 있다는 의미다.

설교로 해결할 수 없는 것

라디오와 방송 사역에 참여하는 청취자나 회중 가운데 매우 복잡하고 심각하며 도저히 수그러들 기미가 보이지 않는 문제로 씨름하는 이들이 있다. 설교만으로는 해결되지 않는 문제를 들고 교회에 나오는 사람들이 많다. 이미 깨질대로 깨져서 감동만으로는 수습하기가 어렵다. 그들을 집어삼킨 문제가 무엇이든 그것에 영향을 줄 정도로 크고 강한 권능을 소유한 무언가가 필요하다. 어쩌면 당신에게도 그런 것이 필요할지 모른다.

그래서 성찬식을 하는 것이다.

성찬식에 대한 논의의 바탕이 되는 말씀은 바울이 고린도 교회에 보내는 편지에서 찾을 수 있다. 예수님의 십자가 죽음을 기념하는 성찬식은 우리에게 영원히 영향을 미친다. 바울은 결혼, 공동체 같은 주제에 대해 말하다가 성찬식과 관련하여 가장 잘 알려진 내용을 말한다. 워낙 유명한 말씀이라 단어만 읽어선 의미를 충분히 이해하기 어렵다. 한 번 천천히 읽어보자.

"내가 너희에게 전한 것은 주께 받은 것이니 곧 주 예수께서 잡히시던 밤에 떡을 가지사 축사하시고 떼어 이르시되 이것은 너희를 위하는 내 몸이니 이것을 행하여 나를 기념하라 하시고 식후에 또한 그와 같이 잔을 가지시고 이르시되 이 잔은 내 피로 세운 새 언약이니 이것을 행하여 마실 때마다 나를 기념하라 하셨으니 너희가 이 떡을 먹으며 이 잔을 마실 때마다 주의 죽으심을 그가 오실 때까지 전하는 것이니라"(고전 11:23-26).

바울이 이 글을 쓸 때 십자가는 과거의 일이었다. 예수님은 이미 승천하셨다. 바울은 그리스도의 물리적 부재와 영적인 임재 안에서 그들이 어떻게 해야 할지 알려주려고 편지를 보냈다.

바울이 초반에 한 말 중에서 중요한 것은 성찬 즉 떡과 잔이 '우리를 위한 것'이라는 사실이다. 바울은 성찬의 목적이 상징이나 의식이 아니라 개인적인 것이라고 말한다. 바울은 성찬이 십자가의 성취와 우리가 일상에서 사용할 수 있는 유익의 가시적이고 상징적인 반영이라는 예수님의 말씀을 인용한다. 많은 사람이 동시에 성찬에 참여하지만 성찬은 개인적이고 친밀한 하나님과의 교제다.

성찬식에 개인적으로 참여함으로 우리는 구세주와 더욱 깊은 차원의 친밀함을 누린다. 그런데 안타깝게도 우리의 전통에서는 이러한 상호작용이 보이지 않는다. 바울은 십자가와 성찬식은 각 사람이 하나님과 누리는 개인적인 관계라는 사실을 강조한다.

이 사실을 상기시킬 뿐만 아니라 우리의 삶과 연결하며 "자주"(often)라는 단어를 사용했다. 그러면서 "이것을 행하여 마실 때마다"(as often as you drink it, 25절)라는 예수님의 말씀을 인용한다. 여기에는 정기적으로 하는 행위라는 의미가 있다. 이 말씀으로 볼 때 성찬식은 어쩌다 하는 것이 아니라 우리 각자의 삶에서 정기적인 예식이 되어야 한다. 하고 싶을 때 하는 것이 아니라 할 수 있는 한 자주 해야 한다.

언약의 잔

개인이 지속적으로 경험할 수 있는 차원으로 성찬식을 보는 것도 중요하지만 언약의 차원에서 보는 것도 중요하다. 우리 삶에서 일어나는 문제 가운데 도저히 극복하기 어려운 문제가 있는 이유는 십자가의 언약적 본질을 깨닫고 적용하지 못하기 때문이다. 성찬은 십자가와 하나님의 은혜에 대한 새로운 언약을 기억나게 한다.

먼저 언약이 무엇인지 알아야 우리가 예수 그리스도와의 관계에서 소유하고 발전시키며 접해야 할 언약이 무엇인지 알 수 있다. 언약을 공식적인 계약 행위로 이해하는 사람이 많다. 이것도 언약의 본질에 맞는 개념이지만 언약에는 좀 더 많은 의미가 있다. 성경에서 말하는 언약은 하나님과 백성 사이의 영적인 구속 관계다. 여기에는 계약, 조건, 유익, 결과가 모두 포함된다. 이 계약은 하나님이 시작하신다.

하나님은 자기 백성과의 관계를 공식화할 때마다 언약을 맺으신다. 성경에는 아브라함 언약, 모세 언약, 다윗 언약, 새 언약 등 다양한 언약이 있다. 새 언약은 바울이 성찬식에 대해 설명하며 언급한 말씀과 관련이 있다. 예수님은 십자가에 달리기 전에 제자들과 최후의 만찬을 나누시면서 "이것은 나의 피 곧 언약의 피니라"라고 하셨다(마 26:27-28 참고). 우리는 성찬식에서 바로 이 일을 기념한다.

하나님이 그분의 백성과 맺으시는 영적 구속력을 지닌 법적 계약은 공식 합의다. 언약의 개념을 이해하는 데 좋은 예는 남자와 여자가 결혼으로 하나 되는 일이다. 결혼하기 전까지 두 사람 사이에는 서로를 구속하는 합의나 의무, 법적 계약이 없다. 그러나 결혼한 뒤에는 일정한 기대 사항과 합의가 있는 법적인 구속 관계가 된다.

모든 그리스도인은 십자가를 통해 하나님과 새롭고 독특한 언약 관계를 맺는다. 우리는 성찬식을 통해 십자가를 기억하고 새 언약과 자기 백성에 대한 하나님의 선하심을 기억하며 삶에서 겪는 모든 상황에 필요한 연료를 공급받는다.

언약은 우리에게 유익을 주려고 존재한다. 십자가로 체결된 하나님의 새 언약의 의도도 동일하다. 성찬식은 그리스도가 우리를 위해 십자가에서 완성하신 언약을 상기시키고 갱신하는 역할을 한다. 신명기에 언약의 유익에 대한 통찰이 있다. "그런즉 너희는 이 언약의 말씀을 지켜 행하라 그리하면 너희가 하는 모든 일이 형통하리라"(신 29:9). 언약에는 엄중한 무게와 의도된 축복이 있기 때문에 결코 가볍게 다뤄선 안 된다.

성경에서 보혈의 제사는 언약의 성취를 위한 요건이 된다. 초기 언약들을 보면 하나님은 아브라함에게 암소와 암염소와 숫양을 죽인 뒤 중간을 쪼개고, 새는 쪼개지 않은 채 그 사이를 지나가게 하셔서 그것을 아브라함(당시 아브람)과 맺은 언약의 징표로 삼으셨다. 아브라함과 그의 자손과 맺은 새로운 관계를 상징하는 이것이 아브라함 언약이다(창 15:5-21). 이처럼 새 언약으로 알려진 십자가를 통해 보장된 언약의 관계는 그리스도의 피 흘림을 필요로 했다. 바울이 고린도 교회에 보낸 편지에 이런 내용이 있다. "우리가 축복하는 바 축복의 잔은 그리스도의 피에 참여함이 아니며 우리가 떼는 떡은 그리스도의 몸에 참여함이 아니냐"(고전 10:16)

바울이 말한 '축복의 잔'은 우리에게 그리스도의 생명에 동참할 기회를 주는 성찬의 잔을 말한다. 결혼이라는 언약 관계 속의 부부가 성적 결합으로 좀 더 깊은 차원의 친밀함을 경험하듯, 떡과 잔은 우리를 그리스도의 생명에 참여하는 새로운 차원의 친밀함으로 이끈다.

성찬은 구세주와의 관계 안에 더 깊이 참여하도록 인도한다. 성찬에는 하나님이 자신의 백성에게 주시는 정기적이고 높은 차원의 친밀함 외에도 더욱 친밀한 교제가 있다. 성찬은 십자가라는 역사적 사건이 신자의 삶에 유효한 것이 되게 한다.

승리의 선포

우리는 성찬을 통해 하나님과 특별한 차원의 친밀함을 나누는 동시에 예수님의 죽음이 지닌 희생적 권능을 선포하고 그 권능에서 유익을 얻는다. 바울은 "너희가 이 떡을 먹으며 이 잔을 마실 때마다 주의 죽으심을 그가 오실 때까지 전하는 것이니라"(고전 11:26)라고 했다. 바울의 말로 볼 때 성찬에 참여하는 것은 중요한 진리를 선포하는 행위다. 여기서 이런 질문이 생긴다. 누구에게, 무엇을 위해 진리를 선포하는가?

무언가를 선포하는 일은 누군가가 듣도록 말하거나 설교하는 것과 비슷하다. 바울은 우리가 성찬의 떡과 잔을 나누는 것이 그리스도 죽음의 전체성을 설교하는 것이라고 말한다. 성찬에 동참할 때 우리는 설교자가 된다. 그리스도의 위대한 희생이라는 진리를 주변 사람과 사탄 그리고 마귀에게 선포하는 것이다. 예수님이 십자가에 달려 돌아가심으로 우리에게 승리가 보장되었다는 선포다(벧전 3:19).

우리의 선포를 듣는 대상에는 사탄과 마귀들도 있다. 골로새서 2장에 따르면 그리스도가 십자가에서 그분의 죽음과 부활을 통해 사탄의 나라의 통치자들과 권세들을 "무력화"하셨다. 십자가에서 사탄은 패배했고, 예수님은 이 세상의 권세에 대한 확실한 승리를 거두셨으며 우리를 죄의 형벌에서 벗어나게 하셨다.

"또 범죄와 육체의 무할례로 죽었던 너희를 하나님이 그와 함께 살리시고 우리의 모든 죄를 사하시고 우리를 거스르고 불리하게 하는 법조문으로 쓴 증서를 지우시고 제하여 버리사 십자가에 못 박으시고 통치자들과 권세들을 무력화하여 드러내어 구경거리로 삼으시고 십자가로 그들을 이기셨느니라"(골 2:13-15).

말씀에 기록된 바대로 사탄은 십자가에서 패배했다. 그는 여전히 우리보다 힘이 세다. 그러나 결혼, 직장 등 어떤 영역에서든 우리가 영적으로 승리했다는 사실을 아는 열쇠는 권세의 차원에서 사탄의 힘은 무의미하다는 깨달음이다. 사탄은 십자가에서 권세를 상실했다. 예수님이 통치자들과 권세들을 무력하게 하셨다.

따라서 우리는 성찬에 참여함으로 사탄의 나라를 향해 그가 더 이상 우리의 삶에 관여할 합법적인 권리가 없음을 선포한다. 십자가는 사탄의 패배를 의미하며, 성찬은 그 패배의 현실과 진리를 상기시킨다. 이 사실을 정기적으로 기억할 필요가 있다. 사탄은 자신들의 패배를 인정하지 않고 거부한다. 패배자의 모습으로 우리와 상대하는 것도 거부한다. 하나님은 우리를 공격하는 영적 세력을 향해 우리가 성찬을 통해 십자가의 진정한 메시지를 통보하고 선포하기 원하신다.

우리가 삶에서 겪는 고통의 많은 부분이 사탄의 영역에서 비롯된다. "이 문제는 마귀의 짓이 분명하다"라는 말이 맞는 경우도 있다(엡 6:12). 많은 문제와 다툼은 악의 영역에서 온다. 사탄의 나라는 우리가 십자가의 언약을 경험하지 못하도록 우리의 영역을 끊임없이 침범한다. 그러므로 그리스도가 십자가에서 성취하신 승리를 대표하는 성찬의 떡과 잔에 근거하여 지옥이 패배했다는 메시지를 분명하게 전해야 한다.

결혼의 역사적 맥락에서 성찬이 지금 이 시대에 어떠한 언약적 시사점을 갖고 있는지 찾을 수 있다. 결혼한 부부는 친밀함을 나눌 때마다 둘의 결혼식 날을 기념한다. 과거로 돌아가 예식을 다시 치르지는 않지만 현재 나누는 성적인 친밀함 속에서 결혼의 언약을 기억하고 갱신한다. 바울은 우리에게 성찬을 통해 십자가 사건을 기억하고 우리의 일상에서 그 힘을 사용하라고 제안한다.

거룩한 예식을 단순한 의식으로 전락시키지 않도록 주의하라. 심오한 것이 평범한 것이 되지 않도록 조심해야 한다. 대부분의 가정에는 보통 특별한 식기가 있다. 그 식기는 특별한 날에만 사용한다. "엄마, 햄 샌드위치 만들어서 본차이나에 담아주세요"라고 말하는 아이는 없다. 본차이나는 특별하기 때문이다.

반면 날마다 사용하는 식기도 있다. 깨져도 상관없는 그릇들이다. 특별한 가치가 없기 때문에 그리 중요하지 않다.

성찬의 언약이 가진 의미를 깨닫고 존경과 경외, 친밀함으로 성찬에 참여할 때 성찬 행위는 우리를 그리스도의 언약적 죽음과 부활로 인도한다. 더는 우리에게 어떠한 영향력을 끼칠 수 없다는 것을 원수에게 공표하는 효과도 있다.

두 종류의 식탁

사도 바울은 고린도전서 10장에서 두 종류의 식탁에 대해 말하며 성찬식 때 일어나는 영적 전쟁을 설명한다.

"우리가 축복하는 바 축복의 잔은 그리스도의 피에 참여함이 아니며 우리가 떼는 떡은 그리스도의 몸에 참여함이 아니냐 떡이 하나요 많은 우리가 한 몸이니 이는 우리가 다 한 떡에 참여함이라 육신을 따라 난 이스라엘을 보라 제물을 먹는 자들이 제단에 참여하는 자들이 아니냐 그런즉 내가 무엇을 말하느냐 우상의 제물은 무엇이며 우상은 무엇이냐 무릇 이방인이 제사하는 것은 귀신에게 하는 것이요 하나님께 제사하는 것이 아니니 나는 너희가 귀신과 교제하는 자가 되기를 원하지 아니하노라 너희가 주의 잔과 귀신의 잔을 겸하여 마시지 못하고 주의 식탁과 귀신의 식탁에 겸하여 참여하지 못하리라"(고전 10:16-21).

바울은 이교도 우상과의 친교는 마귀와 친교하는 것과 마찬가지이며, 이는 성찬이 신자에게 주기로 예정한 모든 유익을 취소하는 행위라고 말한다. 돌로 만든 우상을 경배하지는 않더라도 우리에게는 21세기의 우상이 있다. 하나님 외에 우리의 필요를 채우고자 의지하는 승인받지 않은 사람, 장소, 물건이 모두 우상이다. 전능하신 하나님 대신에 우상을 마음에 두고 식탁에 나오는 사람은 성찬의 유익을 누릴 자격이 없다.

십자가에서 주어진 언약적 헌신을 진지하게 대하지 않고 성찬의 의미를 축소시키는 것을 주의해야 한다. 성찬의 의미는 십자가의 의미 즉 사탄의 패배, 죄의 용서, 인생의 변화, 축복의 전달이라는 목적과 직결된다. 이 모든 것은 은혜라는 이름으로 서 언약과 함께 따라 온다.

성찬을 통해 예수님의 희생적인 사랑을 기억하고 그로부터 유익을 누리면서 구세주와의 특별하고 개인적인 친교를 누릴 때 우리의 연약함은 강함이 된다. 바울이 고린도전서 11장 30절에서 성찬을 부적절하게 행한 결과(약함, 질병, 조기 사망)를 말했듯 동일한 영역에서 신자가 얻는 유익이 있다. 성찬은 영적 축복을 주시는 하나님의 공식 통로다.

지혜로운 선택

나는 영화를 즐겨본다. 특히 〈인디아나 존스〉시리즈를 무척 좋아한다. 해리슨 포드(Harrison Ford)는 주인공과 정말 잘 어울린다. 내가 특히 좋아하는 시리즈는 인디와 아버지가 성배를 찾아가는 〈인디아나 존스-최후의 성전〉이다. 인디는 아서왕의 전설에 나오는, 예수님이 최후의 만찬 때 사용하신 잔으로 알려진 축복의 잔을 찾아 나선다. 이 성배를 찾기 위해 떠난 길에서 많은 적이 그를 가로막고 공격한다.

영화 후반부에서 인디의 아버지는 죽음을 앞두고 누워 있다. 그를 구할 방법은 축복의 잔이 지닌 치유의 능력뿐이다. 이 사실을 아는 인디는 무수한 죽음의 위협에도 불구하고 잔이 있는 곳을 향해 믿음의 걸음을 떼고 박차를 가한다. 마침내 모든 잔이 보관된 장소에 도달하여 성배의 수호자와 맞닥뜨린다.

어떤 잔이 성배인지 찾으려고 허둥대는 인디에게 수호자가 심오한 말을 남긴다. "지혜롭게 선택하라." 인디의 적은 지혜롭게 선택하지 않아서 그들이 보는 앞에서 산산조각이 났다. 자신과 아버지의 생명이 자기 결정에 달렸다는 사실을 안 인디아나 존스는 예수님이 사용하신 잔을 찾기 위해 노력한다. 그리스도의 잔만이 축복을 가져오기 때문이다. (당연히 인디는 잔을 찾는 데 성공하고 그의 아버지도 회복된다.)

십자가는 우리를 위해 많은 것을 성취했다. 그러나 하나님은 우리에게 선택권을 주신다. 축복의 잔을 우리에게 강요하지 않으신다. 그분의 잔을 마시고 그분의 식탁에서 먹으라고 요구하지 않으신다. 그분과의 언약적 관계의 강도와 진실함을 바탕으로 우리에게 그저 제시하실 뿐이다. 우리가 그 잔을 마시고 그 떡을 먹을 때 우리는 예수님의 십자가 죽음에서 비롯된 능력과 은혜를 다시금 기억한다. 예수님의 십자가 승리와 우리의 관계를 인정하고 선포할 때, 우리의 입술과 삶에 치유가 찾아오고 주위 사람들에게 그분의 은혜와 능력이 전해진다.

12장

축복

 아내를 잃고 외아들마저 먼저 보내고 홀로 오랜 세월을 지낸 부유한 남자가 있었다. 생전에 값비싸고 진귀한 물건을 많이 모은 그가 세상을 떠나자 그의 소장품을 처분하기 위한 경매가 열렸다. 귀중한 가구와 미술품에 대한 그의 취향과 안목을 아는 수백 명이 경매에 참가했다.

 경매의 첫 물건은 사람들이 별로 관심을 보이지 않는 것이었다. 경매사는 누군가의 아들이 그려진 값싼 액자에 담긴 초상화를 들고 나왔다. "첫 번째 물건은 아들의 초상화입니다." 그는 사람들에게 감상할 기회를 주고 말했다. "입찰하시겠습니까?"

 입찰하겠다고 손을 드는 사람이 없어서 실내가 조용했다. 대부분 값비싼 작품이나 공예품을 구하기 위해 온 사람들이라서 이런 평범한 작품에는 관심이 없었다. 경매사는 경매사들이 거의 하지 않는 행동을 했다. 그는 말없이 가만히 서서 살펴보았다. 그러나 참석자들의 표정에서 구입을 원하는 사람이 없음을 알 수 있었다. 그러나 그는 재차 물었다. "입찰하시겠습니까? 아들의 초상을 원하는 분, 계십니까?"

그때 방 뒤쪽에서 한 노인이 앞으로 나오며 말했다. "선생님, 저는 돌아가신 분의 하인입니다. 도련님의 초상화를 아무도 안 가져간다면 제가 가져가도 되겠습니까?"

경매사가 말했다. "다시 한 번 말씀드립니다. 아들의 초상화에 입찰하실 분 없으십니까?" 아무도 손을 들지 않았다. 그러자 그는 노인에게 말했다. "좋습니다, 선생님. 이 그림은 선생님의 것입니다." 노인은 그림을 받기 위해 천천히 걸어나왔다. 그림을 사랑스럽다는 듯이 바라보더니 본래 있던 자리로 돌아갔다. 순간 경매사가 망치를 내리치며 충격적인 말을 했다. "이로써 경매는 끝났습니다!"

모두가 어안이 벙벙했다. 곧 일부 참석자가 항의하기 시작했다. "뭐라고요? 값지고 진귀한 물품은 아직 보여주지도 않았잖아요. 경매가 끝났다니 그게 무슨 말입니까?"

그러자 경매사가 대답했다. "고인의 유언에 따라 경매는 아들의 초상화로 시작하도록 되어 있었습니다. 그리고 그 그림을 가져가는 사람이 고인의 전 재산을 상속받게 되어 있었습니다. 고인은 자신에게 아들이 매우 소중한 만큼, 아들의 그림을 가져가는 사람에게 자신의 모든 재산을 주라고 명시했습니다. 아들을 갖는 사람이 모든 것을 가져가는 셈입니다. 아들을 갖지 못한 사람은 아무것도 갖지 못합니다."

우리는 때로 경매에 참석한 사람들과 비슷하다. 우리가 다른 물건을 사려고 둘러볼 때 하나님이 말씀하신다. "나는 생명을 주러 왔다.

그 생명을 더욱 풍성히 주려고 왔다. 그 생명은 내 아들과의 관계에서만 찾을 수 있다. 네가 내 아들을 가진다면 영생과 거기에 따르는 모든 것을 갖게 될 것이다." 이에 대한 설명이 로마서에 나온다. "자기 아들을 아끼지 아니하시고 우리 모든 사람을 위하여 내주신 이가 어찌 그 아들과 함께 모든 것을 우리에게 주시지 아니하겠느냐"(롬 8:32).

주님이 우리에게 주고자 하시는 모든 것은 독생자 예수 그리스도와 그분의 죽음, 매장, 부활을 통한 성취와 전적으로 관련이 있다. 십자가는 죄의 형벌에서 우리를 영원히 구원하고 해방시켰으며, 그 외 많은 것에 대한 값을 치렀다. 이처럼 "십자가의 축복"에 해당하는 것은 매우 많다. 그리스도는 우리에게 "풍성히" 주시려고 오셨다. 예수님은 "내가 온 것은 양으로 생명을 얻게 하고 더 풍성히 얻게 하려는 것이라"(요 10:10)라고 말씀하셨다.

> 십자가는 우리를
> 영원히 구원하고 해방시켰다.

성부 하나님이 우리에게 풍성히 넘치도록 주시는 것의 더욱 좋은 점은 무료라는 것이다. "자기 아들을 아끼지 아니하시고 우리 모든 사람을 위하여 내주신 이가 어찌 그 아들과 함께 모든 것을 우리에게 주시지 아니하겠느냐"(롬 8:32). 무료는 비용을 내지 않는다는 뜻이다. 우리가 비용을 내지 않아도 하나님의 아들과 그분이 십자가에서 성취하신 모든 것에 자연스럽게 연결된다.

우리는 축복의 시기를 보내고 있다. 우리가 속한 기독교 문화에는 축복받는 방법을 설명한 설교가 넘쳐난다. 많은 그리스도인이 예수 그리스도와 무관한 축복을 가르친다. 그러나 성경은 우리 삶의 양선, 축복, 형통은 오직 한 가지 통로 즉 그리스도의 십자가를 통해서만 온다고 분명히 말한다. 값비싼 보물과 장신구만 원할 뿐 예수님과 그분과 관련된 모든 것(십자가 포함)과의 친밀한 연결을 원하지 않는다면 앞에서 보았던 경매자들이 전부 가질 수 있는 기회를 얻는 단 한 가지를 무시했던 것과 마찬가지다.

우리를 기다리는 그분의 축복

"자기 아들을 아끼지 아니하시고"라는 말씀에서 십자가와 우리 삶의 축복을 연결하는 복잡한 매듭에 대한 통찰을 얻을 수 있다. 하나님은 예수님을 희생제물로 주기를 주저하지 않으셨다. 하나님의 거룩함을 생각할 때 하나님이 우리에게 모든 것을 풍성히 주시는 방법은 그리스도의 희생 밖에 없었다. 아브라함이 이삭을 바쳤듯 하나님은 못과 창을 허락하셨다. 이삭을 위해 일하셨던 하나님이 하물며 그분의 보혈과 사랑의 본질을 위해 당연히 일하시지 않겠는가?

가혹하지만 필요한 희생이라는 차원에서 삶의 축복을 보면 우리가 받은 것에 대한 감사가 생긴다. 우리가 항상 연결지어 생각하지 못하는 부분이다. 십자가의 목적 가운데 하나는 하나님의 자비나 긍

흄이 없이는 그분의 은혜를 생각하는 것 자체가 불가능하다는 깨달음이다. 그리스도의 십자가는 하나님이 우리의 삶을 위해 결정하신 모든 것에 진입하는 통로다.

앞에서 말했듯 하나님은 시간의 제한을 받지 않는 분이시다. 시작과 끝을 아는 분이시다. 하나님은 우리 삶의 축복을 이미 정하고 예비하셨다. "찬송하리로다 하나님 곧 우리 주 예수 그리스도의 아버지께서 그리스도 안에서 하늘에 속한 모든 신령한 복을 우리에게 주시되"(엡 1:3). 여기에 사용된 '복'은 과거형이다. 이것을 깨닫는 것이 중요하다. 그렇지 않으면 생명과 하나님의 선하심을 우리가 개인적으로 쟁취하거나 얻어야 한다고 오해할 수 있다. 하나님의 축복은 이미 우리를 위해 결정되어 있다. 우리의 이름이 적힌 '하늘'의 방에 지정되어 있다. 그 축복을 얻는 유일한 열쇠는 그리스도가 이미 끝내신 일에 대한 믿음이다. 그리스도가 우리를 위해 하신 모든 일과 하나님이 우리를 위해 하시는 일에 대한 믿음이다.

많은 신자가 하늘에 도착하여 그 방에 들어가서 깨닫는 사실은 하나님이 그들에게 예비하신 모든 선한 보물을 그들이 충분히 받아서 누리지 않았다는 것이 아닐까? 십자가의 그리스도와 제한적이고 진실하지 않은 관계 가운데 있었기 때문이다. 그리스도 없이는 그 모든 것이 우리와는 상관없이 멀리 놓인 채로 있다. 그리스도와 함께할 때에만 하나님의 능력, 지혜, 기쁨, 축복이 우리에게, 우리를 통해 더욱 흘러 넘친다.

이번 장의 도입부에서 소개한 경매 이야기에서 아들의 초상화가 사람들의 이목을 끌지 못한 이유를 충분히 이해할 수 있다. 사람들 눈에는 그것이 별로 중요해보이지 않았다. 참석자 수백 명이 입찰에 나서지 않았다. 그들이 어찌 알았겠는가? 그러나 그리스도와 십자가로 하나님은 그분의 아들로 인해 우리에게 주어지는 것이 무엇인지 분명히 알리셨다. "아들이 있는 자에게는 생명이 있고"(요일 5:11-12 참고). 십자가는 우리가 소중히 여기는 여러 물건 가운데 하나가 아니다. 우리에게 유일한 것이자 전부다. 십자가 없이는 은혜도, 자비도 우리의 삶에 오지 않는다.

바울은 이렇게 말했다. "내가 너희 중에서 예수 그리스도와 그가 십자가에 못 박히신 것 외에는 아무 것도 알지 아니하기로 작정하였음이라"(고전 2:2). 여기서 바울은 십자가를 중심에 두는 삶을 다시 한 번 강조한다. 인생의 모든 것을 쫓아서는 인생의 모든 것을 얻을 수 없다. 예수님이 달리신 십자가, 오직 그것을 통해서만 모든 것을 얻을 수 있다.

우리 안에 있는 그리스도의 성품

우리가 즐겨 인용하는 말씀 가운데 로마서 8장 28절이 있다. "우리가 알거니와 하나님을 사랑하는 자 곧 그의 뜻대로 부르심을 입은 자들에게는 모든 것이 합력하여 선을 이루느니라." 그러나 다음 구절에 담긴 진리는 종종 간과한다. "하나님이 미리 아신 자들을 또한 그

아들의 형상을 본받게 하기 위하여 미리 정하셨으니 이는 그로 많은 형제 중에서 맏아들이 되게 하려 하심이니라"(29절). 우리를 향한 하나님의 목적이 여기에 있다. 하나님의 목적은 우리 안에 예수 그리스도의 성품을 복제하는 것이다. 하나님의 아들의 형상을 본받게 하는 것이다. 즉 우리가 거울로 보듯 그리스도를 잘 드러내는 것이다. 우리의 태도, 성품, 행동에서 그리스도가 드러나야 한다.

하나님은 닮은 꼴을 원하신다. 하나님은 예수님을 지극히 사랑하시기 때문에 자녀가 자신을 닮기를 바라신다. 그럴 때 모든 것이 합력하여 선을 이룬다. 여기에 모든 것이라는 말이 또 다시 나왔다.

하나님의 목적은 우리의 삶에서 일어나는 모든 것이 우리로 하여금 예수 그리스도를 닮게 하는 것이다. 여기에는 좋고, 나쁘고, 추한 일이 포함된다. 단순히 현상만 보지 마라. 삶의 상황, 현상, 관계 속에서 늘 이런 의문을 품어야 한다. "하나님, 이 일(좋고, 나쁘고, 추한 일)을 사용하여 어떻게 그리스도의 성품을 닮게 하실 건가요?"

부정적인 현실을 제거하고 등에 진 짐을 풀어버린 뒤 시련에서 벗어나고 싶다는 생각이 들 수도 있다. 그러나 그때 해야 할 생각은 이것이다. 하나님이 모든 것을 합력하여 선을 이루게 한다면 이 상황을 어떻게 사용하기 원하실까? 하나님은 우리가 그리스도를 닮아서 십자가의 문을 통과하고 하나님이 우리에게 축복하기로 예정하신 모든 것을 누리기 원하신다.

그러나 우리 안에 예수님의 성품을 계발하는 과정은 종종 고통스럽다. 아이가 휜 다리를 갖고 태어나면 의사는 아이에게 보조기를 달게 한다. 자라며 다리가 곧게 교정되도록 하려는 것이다. 아이로서는 보조기 때문에 잘 때나 걸을 때 불편함을 느낄 것이다. 그러나 다리가 올바르게 교정되어 자라게 하는 데 보조기가 필요하다.

성가시고 귀찮으며 때로는 고통스럽지만 보조기의 목적은 아이의 다리를 곧게 자라게 하여 아이가 자신에게 예정된 유익, 기쁨, 자유를 누리게 하는 것이다.

하나님이 모든 것을 합력하여 선이 되게 하신다는 말에서 '모든 것'이 반드시 좋은 것을 의미하지는 않는다. 모든 것의 목표는 우리에게 예비된 자유를 온전히 누리고 경험하며 유익을 누리게 하는 것이다.

여기에는 종종 고통도 포함되지만 우리에게 찾아오는 모든 것이 더 이상 우리의 삶을 지배하지 않을 때 십자가의 축복으로 사는 삶을 온전히 깨달을 수 있다. 28절 뒤에서 바울은 또 다른 '모든 것'을 소개한다. 이번에는 사람의 기준에서는 결코 좋은 일이 아니다. "기록된 바 우리가 종일 주를 위하여 죽임을 당하게 되며 도살 당할 양 같이 여김을 받았나이다 함과 같으니라 그러나 이 모든 일에 우리를 사랑하시는 이로 말미암아 우리가 넉넉히 이기느니라"(36-37절).

십자가의 축복을 누리면 우리를 정복했던 것들을 이제는 우리가 정복하게 된다. 우리의 감정, 시간, 생각을 지배하던 것을 이제 우리가 지배한다. 우리를 통제하던 것을 이제 우리가 통제한다.

이것이 참된 축복이다. 축복이 언제나 번쩍이는 상자나 빠른 엔진과 함께 오는 것은 아니다. 인생 최고의 축복은 어떤 상황에서도 평안과 안정을 누리는 것이다. 강인한 성품과 확고한 생각도 축복이다.

이러한 축복은 우리에게 최고의 기쁨과 승리를 준다. 이런 축복을 경험할 때 인생의 즐거움을 발견한다. 풍성함의 참 의미도 알 수 있다.

> 십자가의 축복을 누리면 우리를 정복했던 것들을
> 이제는 우리가 정복하게 된다.

프로레슬링을 보고 있으면 미리 계산된 싸움이라는 것을 알 수 있다. 경기가 시작되기 전 승자와 패자가 정해져 있다. 그러나 승리를 얻기까지 우여곡절과 어려움이 있다. 경기 시작 종이 울리고 최종 판결이 날 때까지 충돌과 가격, 타박상이 이어진다. 이 모든 일은 예정된 결과를 얻기 위한 과정이다.

하나님은 우리의 삶, 우리를 향한 미래와 소망을 예정하셨다(렘 29:11). 링에 올라서 승리를 거두기까지의 삶은 우리가 예수 그리스도와 그분의 십자가에 순복하여 우리 삶의 목적을 따라 사는가에 달려 있다.

큰 선물

짐과 줄리는 오랜 커플이다. 하루는 짐이 줄리를 근사한 식당에 데려갔다. 멋진 식당에서 만나자고 하며 사랑한다고 말하는 남자친구 덕분에 줄리의 기분은 최고였다. 짐은 줄리에게 이렇게 말했다. "오늘밤 자기를 위해 특별한 걸 준비했어."

토요일 저녁이 되어 두 사람이 식당에 도착했다. 짐은 차로 돌아가서 선물을 들고 왔다. 탁자에 두기 어려울 정도로 선물이 커서 짐은 상자를 바닥에 두었다. 줄리는 '특별한' 선물이 보통 작은 상자에 들어 있기 때문에 좀 당황스러웠지만 짐의 말을 믿고 식사를 즐기려 노력했다.

식사가 끝날 때쯤 짐은 줄리에게 상자를 건넸다. 줄리는 내용물이 무엇일지 궁금해하며 조심스럽게 리본을 풀었다. 남자친구가 말한 특별한 선물을 기대하며 뚜껑을 열었다. 그런데 상자 안에 든 선물은 베개였다.

"베개가 선물이야?" 줄리가 실망감을 억누르며 물었다.

"음, 그게 말이야…."

줄리는 계속 말해달라는 눈빛으로 바라보았다.

"사실은 내 베개야." 잠시 침묵이 이어졌다. 짐은 줄리의 손에서 베개를 빼서 바닥에 놓더니 그 위에 무릎을 꿇고 줄리에게 청혼했다. "한 가지 묻고 싶은 게 있어." 애써 눈물을 참고 있는 줄리에게 짐이 말했다. "자기와 내 남은 인생을 함께 보내는 특권을 허락해주겠어?"

처음 베개를 보았을 때는 별로 대단해 보이지 않았다. 아무 의미 없는 물건처럼 보였다. 그러나 특별한 목적을 위해 베개가 사용되자 아무것도 아닌 물건이 가장 중요한 것이 되었다.

십자가가 대수롭지 않아 보일 때도 있다. 다른 문화의 역사와 관련된 나무 정도로 여겨질 때도 있다. 그러나 눈에 보이는 것보다 훨씬 많은 의미가 있다는 사실을 깨닫고 십자가에 달리신 분과의 관계를 위해 사용될 때, 십자가는 아무것도 아닌 것에서 전부가 된다. 하나님은 십자가의 능력으로 우리에게 모든 것을 마음껏 주신다. 우리가 제대로 사용할 때, 대수롭지 않았던 것이 가장 중요한 것이 된다.

결제 완료

한 남자가 들뜬 마음으로 난생처음 호화유람선을 탔다. 3박 4일의 유람선 여행 비용을 마련하기 위해 모은 돈을 다 쓴 터라 식비로 쓸 돈이 없었다. 그는 배에서 식사하는 사람들을 볼 때마다 굶주린 배를 움켜쥐고 쓰린 속을 달랬다. 모든 승객이 초호화 식사를 즐기는 동안 그는 미리 싸온 정어리와 크래커를 선실에서 혼자 먹었다.

여행 마지막 날, 요동치는 속을 잠재우기 위해 주방에 가서 요리사에게 샌드위치를 좀 줄 수 있는지를 물었다. 요리사가 믿지 못하겠다는 표정을 지으며 말했다. "유람선 표에 식사가 포함된 것 모르셨어요?"

그는 자신을 위해 준비된 모든 것을 마음껏 즐길 수 있었음에도 그 사실을 몰랐던 것이다.

하나님은 십자가에서 우리의 삶에 필요한 '모든 것'의 대가를 지불하셨다. 예수 그리스도를 통해 우리에게 모든 것을 값없이 주기로 약속하셨다. 우리는 무엇을 사거나 쟁취하거나 무엇을 얻기 위해 완벽해질 필요가 없다. 하나님이 은혜로 주시는 것은 예수 그리스도의 보혈에 대한 믿음을 통해 주어진다.

하나님의 사랑을 의심하려는 유혹을 받을 때마다 하나님은 우리에게 십자가를 보라고 하신다. "내가 독생자까지 아끼지 않을 정도로 너를 사랑하지 않느냐? 내가 너를 얼마나 사랑하는지를 결코 의심하지 말라. 나를 신뢰하라. 너의 유익을 위해 지금도 일하고 있다."

하나님이 당신을 얼마나 사랑하시는지 아는가? 하나님은 죽기까지, 십자가에서 죽기까지 당신을 사랑하신다. 우리 삶의 모든 영역에 이 십자가의 진리를 적용할 때 우리의 삶에 있는 하나님의 축복의 임재를 깨닫게 된다. 그렇게 하지 않으면 믿음과 의심이 섞여서 믿음이 약해지고 하나님의 은혜 앞으로 나아갈 힘도 상실한다. 믿음이 없이는 하나님을 기쁘시게 하지 못하기 때문이다(히 11:6).

십자가의 길

하나님의 모든 것을 경험하는 길은 어떤 굴곡도 없는 꽃길이라고 말할 수 있다면 얼마나 좋겠는가? 그렇게 말하고 싶지만 양심상 그럴 수는 없다. 이에 대한 성경의 입장과 나의 생각은 같다. 하나님은 우리에게 시련 없는 꽃길을 결코 약속하지 않으신다. 번영과 축복을 전하는 많은 설교는 고통과 갈등이 없는 은혜의 꽃길을 전한다. 그러나 하나님이 그렇게 말씀하지 않으셨기 때문에 나도 그렇게 말하지 않겠다.

당신의 삶에 부활의 주일이 있기를 바라는가? 사실 우리 모두가 바랄 것이다. 그렇지만 금요일과 십자가가 없으면 부활의 주일도 없음을 명심하라. 예수님도 갈보리 이후에 하나님이 높이 올리셨다. 고통 가운데 있는 우리를 돕기 위해 스스로 큰 고통을 감내하셔야 했다. 부활의 축복은 십자가와의 연결을 통해서만 찾아온다. 죽지 않으면 죽었다가 살아날 수 없다. 우리의 직업, 관계, 마음, 재정, 건강 등에서도 십자가와 공개적인 관계가 있어야만 하나님이 우리 삶에서 부활을 일으키신다.

누군가에게는 지극히 추하고 정치적으로 옳지 않으며 불쾌하게 보일지라도 그리스도인이 인생의 능력과 기쁨을 얻는 유일한 길은 십자가의 고통이다.

사랑의 흔적

한 여자가 사나운 우박을 만났다. 엄청나게 큰 우박이 하늘에서 매우 사납게 떨어졌다. 어찌나 빠르고 매서운지 건물에 들어가기 위해 달리기조차 어려웠다. 가까운 상점에 있던 남자가 그 여자를 보고 밖으로 달려 나왔다. 그는 몸으로 여자를 감싸고 우박을 대신 맞으며 가게 안으로 여자를 인도했다. 여자를 사정없이 내리치던 우박을 남자가 대신 맞았다.

여자를 무사히 데려왔으나 그의 몸 곳곳에는 상처가 났다. 팔은 긁혀서 피가 나고 왼쪽 뺨에도 피가 흘렀다. 여자는 남자에게 감사를 전했다. 자신을 보호해준 낯선 남자를 위해 특별한 일을 하고 싶어서 그를 집으로 초대하여 직접 준비한 저녁을 대접했다. 관계가 계속 발전하여 그들은 사랑에 빠졌고 결국 결혼하기에 이르렀다.

어느 날, 남자의 팔과 얼굴의 상처에 대해 묻는 친구의 질문에 여자가 대답했다. "매일 아침마다 남편의 상처를 내 손으로 어루만져. 나를 보호하려다가 난 상처거든. 나에게는 세상 무엇보다 아름다운 상처야. 다가올 일을 신경 쓰지 않고 기꺼이 나를 보호해주다가 얻은 상처야."

하늘나라에 가면 영광스럽고 온전한 형태로 하나님 앞에 설 것이다. 하늘에는 흠이 없으므로 우리도 아무 흠이 없을 것이다. 그런데 오직 한 분만 예외다. 여전히 상처가 있는 분이 계신다. 그분은 바로 예수 그리스도시다. 십자가에 달린 손의 못자국과 창에 찔린 옆구리의 상처, 다른 흔적도 남아 있을 것이다. 예수님은 죽었다가 부활하여 영광스러운 몸을 도마에게 보이며 창이 지나갔던 옆구리를 만져 보라고 하셨다(요 20:27).

우리 하나님 예수 그리스도는 영광 가운데 상처의 흔적을 간직하고 계신다. 우리를 향한 사랑의 영원한 증거다. 하나님은 지금도 우리가 그 상처를 기억하기를 바라신다. 그 상처는 우리가 힘겹게 사는 삶이 아니라 풍성한 승리의 삶을 살아갈 수 있다는 증거다. 십자가의 축복은 우리를 보호하기 위해 자신을 버리시기까지 우리를 사랑한 분의 상처에서 발견할 수 있다.

결론

최후 승리

신화로 전해지는 이야기다. 두 사람이 시장에 가게 되었다. 한 사람이 흉측한 모습을 한 사람을 보고 다른 사람에게 물었다. "저 사람은 대체 누구지?"

그러자 옆의 사람이 나지막이 대답했다. "사망이야."

음침한 인물이 다가오자 그는 속이 울렁거렸다. 어떻게 해야 할지, 어디로 피해야 할지 몰라 옆 사람에게 물었다. "나에게 오는 거 같아. 어떡하지?"

"나 같으면 잽싸게 말을 타고 다른 마을로 도망치겠어. 붙잡히면 안 돼."

그는 공포와 두려운 마음으로 즉시 말을 타고 시골을 가로질렀다. 저녁 때쯤 다른 마을에 도착하여 안도의 한숨을 쉬며 사망을 피해 무사히 도망쳤다고 생각한 그때, 멀지 않은 곳에 그 추악한 존재가 서 있었다.

실망하고 낙심한 그는 할 말을 잃었다. 그때 사망이 다가와서 말했다. "너를 잡으러 왔다." 그러자 그가 말했다. "오늘 아침 고향에서 보자마자 여기로 도망쳐왔는데 여기까지 오셨군요."

사망이 대답했다. "그거 아는지 모르겠군. 오늘 아침 고향에서 너를 보았지만 사실 너와의 약속은 오늘 밤 이 마을에서 있었다."

아무리 열심히 운동을 해서 체력 단련을 하고 몸에 좋은 유기농 주스를 많이 마셔도 우리는 결코 사망을 피해 도망칠 수 없다. 사망에게는 우리가 어디 있든지 우리를 찾아내는 능력이 있다. 그는 결코 늦는 법이 없다. 성경은 "한번 죽는 것은 사람에게 정해진 것이요 그 후에는 심판이 있으리니"(히 9:27)라고 분명히 말한다. 우리는 사는 동안 여러 번 늦을 수 있지만 한 가지만은 정시에 찾아온다. 바로 죽음이다. 그것을 피할 방법은 없다.

우리가 직면한 수많은 문제 가운데 죽음이 가장 심각한 문제라고 할 수 있다. 죽음만큼 심각한 두려움과 불안, 불확실성을 일으키는 것은 없다. 죽음은 좋은 시절을 엉망으로 만든다. 아무리 의료 시설과 기술이 발전하고 아무리 좋은 약과 치료를 받아도 사망을 결코 완전히 이길 수는 없다.

죽음이 너무 충격적이고 실제적이라서 그 단어를 제대로 말하지 못하는 사람들이 있다. 그들은 세상을 떠났다거나 영면에 들어갔다는 식의 표현을 사용한다. 누군가를 묘지에 매장했다는 말 대신에 가족 소유지에 두었다고 말한다. 그렇게 말하면 두려움도 덜하고 약간의 여지가 남은 듯한 느낌마저 든다. 그러나 아무리 완곡하게 돌려서 말해도 죽음은 죽음이다. 사망은 계속 돌아다니며 자신이 데려갈 다음 생명을 기다린다.

사망을 대하는 사람들의 방법

인간이 사망의 최종성을 해결하는 방법 가운데 환생에 대한 믿음이 있다. 미지의 힘이 우리를 다음 세상으로 데려가 다른 형태로 살게 한다는 생각이다. 내가 세상에서 어떻게 살았느냐에 따라 다음 생은 더 좋을 수도 있고 더 나쁠 수도 있다고 믿는다.

어떤 사람들은 영원한 지옥과 영원한 천국 사이에 연옥이 있어서 심판을 면할 기회가 주어진다고 믿는다. 사망을 무시하는 척하면서 죽으면 끝이라고 말하는 사람도 있다. 그들은 죽으면 끝이기 때문에 사후의 삶은 없다고 말한다.

우리가 죽음에 대해 갖는 두려움과 생각들이 전혀 근거 없는 것은 아니다. 하나님은 인생이 수증기 같다고 하셨다. "너희 생명이 무엇이냐 너희는 잠깐 보이다가 없어지는 안개니라"(약 4:14). 인생은 잠시 밝게 빛나다가 금세 소멸되어 사라지는 독립기념일의 폭죽과 비슷하다.

시편 기자는 "내 날이 연기 같이 소멸하며 내 뼈가 숯같이 탔음이니이다"(시 102:3)라고 했고, 욥은 사망을 "공포의 왕"(욥 18:14)이라고 했다. 사망의 특성은 예측하기 어렵다는 것이다. 교통사고, 심장마

비, 뇌경색, 유탄, 비행기 사고처럼 언제 일어날지 알 수 없다. 예고 없이 오기 때문에 아무도 사망이 언제 나타날지 모른다.

이것이 십자가와 무슨 상관이 있는지 궁금한가? 백퍼센트 상관이 있다. 부활이 있으려면 십자가가 필요하다. 십자가는 죽음의 정복자를 맞이하는 위대한 서곡이다.

바울은 "그리스도께서 죽은 자 가운데서 다시 살아나셨다 전파되었거늘 너희 중에서 어떤 사람들은 어찌하여 죽은 자 가운데서 부활이 없다 하느냐 만일 죽은 자의 부활이 없으면 그리스도도 다시 살아나지 못하셨으리라 그리스도께서 만일 다시 살아나지 못하셨으면 우리가 전파하는 것도 헛것이요 또 너희 믿음도 헛것이며"(고전 15:12-14)라고 말했다. 연결 관계가 보이는가? 바울은 그리스도가 죽은 자 가운데서 살아나셨는데 어찌하여 죽은 사람들이 어찌 되는지를 논의하느라 많은 시간을 허비하느냐고 반문한다. 부활이 없다면 예수 그리스도도 죽은 채로 계실 수밖에 없다. 그리스도가 살아나지 않으셨다면 당장 이 책을 덮어야 한다. 나도 집필과 설교를 그만해야 한다. 더 이상 믿을 필요가 없다. 여전히 죽은 상태인 사람을 믿는 것이 무슨 소용인가?

게다가 죽은 자의 부활이 없다면 그리스도가 죽었다 살아나셨다고 말하는 우리는 하나님의 거짓 증인이 되는 셈이다. 예수님이 부활하지 않으셨다면 우리의 믿음은 전부 시간 낭비이다. 우리 모두 여전히 우리의 죄 가운데 있을 것이기 때문이다. 바울은 이렇게 덧붙인다. "또한 그리스도 안에서 잠자는 자도 망하였으리니 만일 그리스도 안에서 우리가 바라는 것이 다만 이 세상의 삶뿐이면 모든 사람 가운데 우리가 더욱 불쌍한 자이리라"(18-19절).

예수님이 이 세상에서만 우리를 도우실 수 있고 다음 세상에서는 도우실 수 없다면, 서둘러 다른 신을 찾아야 한다. 우리는 이 세상에서뿐만 아니라 그 뒤에도 도움이 필요하기 때문이다. 그래서 바울은 그리스도의 십자가를 설교하는 일에 자신의 삶과 시간, 노력, 에너지를 쏟아 부었다. 예수 그리스도의 십자가에서 우리는 그분의 부활의 능력과 영원한 구원을 발견한다. 바울은 십자가로 우리 모두에게 주어진 승리의 위대함을 선포한다.

"그러나 이제 그리스도께서 죽은 자 가운데서 다시 살아나사 잠자는 자들의 첫 열매가 되셨도다 사망이 한 사람으로 말미암았으니 죽은 자의 부활도 한 사람으로 말미암는도다 아담 안에서 모든 사람이 죽은 것 같이 그리스도 안에서 모든 사람이 삶을 얻으리라 그러나 각각 자기 차례대로 되리니 먼저는 첫 열매인 그리스도요 다음에는 그가 강림하실 때에 그리스도에게 속한 자요"(20-23절).

예수 그리스도의 십자가에서 우리는
부활의 능력과 영원한 구원을 발견한다.

여기서 바울은 부활의 승리와 십자가를 연결시키며 그것이 이미 우리 것이라고 말한다. 예수님이 죽으셨다가 살아나신 일 때문에 사망은 더 이상 우리에게 영향을 미칠 수 없다. 당신에게 최고의 소식을 전한다. 2천 년 전 예수 그리스도가 이루신 부활의 승리는 당신이 가장 두려워하는 사망을 전혀 두려워할 필요가 없는 존재로 만들었다. 부활의 기쁜 소식은 사망의 완전한 패배다.

히브리서 2장 15절에 따르면 예수님은 한평생 매여 종노릇하는 모든 자들을 놓아주려고 이 땅에 오셨다. 노예제도는 모든 면에서 악하다. 사망을 두려워하는 사람은 이미 사망의 노예다. 모든 기계적 점검이 끝나고 자격을 갖춘 사람들이 조종하는데도 무서워서 비행기를 못 타는 사람은 죽음의 노예라고 할 수 있다. 우리를 불안하게 하는 그것이 바로 우리를 지배하는 것이다.

그러나 바울은 십자가와 부활의 결합이 사망을 이겼다고 말한다. 바울은 썩어질 것이 썩지 아니할 것이 되고 죽을 것이 죽지 아니할 것을 입는다면서 이 진리를 매우 생생하고 시적으로 설명한다. 바울의 말은 우리 모두가 해야 할 고백이다. "사망을 삼키고 이기리라고 기록된 말씀이 이루어지리라 사망아 너의 승리가 어디 있느냐 사망아 네가 쏘는 것이 어디 있느냐 사망이 쏘는 것은 죄요 죄의 권능은 율법이라 우리 주 예수 그리스도로 말미암아 우리에게 승리를 주시는 하나님께 감사하노니(고전 15:54-57).

죄, 율법, 사망

죽음이 있는 이유는 죄가 있기 때문이다. 죄가 없다면 죽음도 없을 것이다. 하나님은 아담에게 금지된 열매를 먹는 날에는 죽을 것이라고 하셨다(창 3:3). 아담을 통해 죽음이 인간에게 들어왔다. 죽음이 존재하는 이유는 죄 때문이다.

바울은 앞의 말씀에서 죄의 권능은 율법(안에 있다)이라고 했다. 죄가 존재하는 유일한 이유는 그것을 측정하는 의로운 기준 즉 율법이 있기 때문이다. 우리가 죄와 죄가 무엇인지 아는 유일한 방법은 율법을 통해서다. 우리는 하나님의 기준에 대한 그분의 말씀을 읽음으로 죄를 깨닫는다. 하나님의 법을 알고 이해한 결과다.

예를 들어 과속하면 속도 위반 딱지를 뗄 수도 있다는 것을 아는 이유는 속도 제한을 알려주는 표지판 때문이다. 속도 제한이 없으면 위반 딱지가 없다. 법을 어겼다고 벌을 받는 이유도 어길 수 있는 법이 있기 때문이다. 법이 없다면 죄가 없다. 죄가 없다면 심판도 없다. 앞에서 살펴보았듯 법은 우리를 의롭게 하려고 있는 것이 아니다. 우리의 죄를 드러내기 위해 존재한다. 하나님이 십계명을 주신 이유는 우리가 그것을 지킬 수 있어서가 아니다. 우리가 얼마나 자주 십계명을 어기는지 알려주시기 위함이다. 우리 삶에 주신 하나님의 기준인 율법도 마찬가지다. 하나님이 자신의 말씀과 예수 그리스도의 의로운 삶을 통해 기준을 제시한 이유는 우리가 생각과 행위로 얼마나 자주 법을 어기고 그것이 어떻게 죄를 야기하는지를 보여주시기 위해서다.

모든 사람이 죄를 지었으며 하나님의 영광, 완벽함, 거룩함에 미치지 못한다(롬 3:23). 그래서 우리는 하나님이 죄의 "삯"이라고 하신 죽음에 직면한다(롬 6:23 참고). 죄가 죽음으로 인도하고 모든 사람이 죄를 짓는다고 할 때, 죽음을 제거하고 싶다면 죄의 문제를 해결해야 한다. 죄의 문제를 해결하는 유일한 방법은 율법의 요건을 충족시키는 것이다.

죄를 지은 우리가 사망의 저주 아래 있지 않고 하나님의 거룩한 법을 충족시키는 유일한 방법은 죄 없는 제물의 제사를 통하는 것이다. 예수 그리스도가 바로 그 희생제물이 되셨다. 그 뒤에는 십자가와 부활이 있다. 바울은 이렇게 선포했다. "우리 주 예수 그리스도로 말미암아 우리에게 승리를 주시는 하나님께 감사하노니"(고전 15:57).

부활의 승리는 사망의 최종 패배를 의미한다. 예수 그리스도와 개인적인 관계를 누리게 된 모든 사람은 최후 사망으로 고통받지 않는다. 부활 그리고 예수님과 함께하는 삶이 있을 뿐이다. 이보다 좋은 소식이 있을까? 예수 그리스도는 십자가에서 율법의 문제를 해결하셨다. 율법을 깨뜨린 결과를 부활을 통해 극복하셨다.

완벽한 구세주, 완벽한 지불

그러나 이 모든 일이 십자가에서만 일어난 것은 아니다. 예수 그리스도는 먼저 지상에서 죄 없이 온전한 33년을 보내셨다. 하나님의 마음을 흡족하게 하려는 사람은 먼저 온전히 행해야 한다. 예수님은 세례를 받으실 때 자신이 모든 의를 이루기 위해 왔다고 하셨다(마 3:15).

사실 예수님은 모든 율법을 지키기 위해 이 땅에 오셨다. 사복음서를 읽어보면 예수님이 모든 율법을 세세하고 완벽하게 지키셨다는 것을 확인할 수 있다. 그럼으로써 예수님은 사람들을 구원하는 구세주가 될 자격을 갖추셨다. 그분을 구원할 누군가가 필요하지 않으셨다. 십자가에서 예수 그리스도는 율법을 전부 지키셨지만 하나님의 아들로서 우리의 죄를 지고 사망을 이기셨다.

식당에 가서 음식을 주문하고 식사를 마칠 때가 되면 종업원이 계산서를 들고 온다. 신용카드로 결제하고 지불이 완료되면 지불이 '체결'되고 '승인'되었다는 표시로 영수증을 가져온다. 이 두 가지는 중요하다. 결제 당시 카드가 유효하지 않거나 지폐가 위조로 판명되면 결제가 거부되고 식사비를 여전히 내지 않은 상태가 되기 때문이다. 그때는 다른 지불 방식을 찾아야 한다.

예수님 십자가의 죽음으로 모든 인간의 죄(현재, 과거, 미래)에 대한 대가를 지불하셨다. "다 이루었다"라는 말씀은 대가가 모두 청산되었다는 말이다. 이는 "완불"을 의미한다. 그리스도의 지불은 처리되었다. 우리는 지불이 이루어졌다는 것을 안다. 그러나 예수님의 지불이 승인되었는지는 어떻게 확인할까? 예수 그리스도의 부활은 인간의 죄에 대한 금요일 결제의 영수증이다. 예수 그리스도는 지불과 승인을 보여주는 살아 있는 거래 기록이 되신다.

제거된
사망의 침 _____

그리스도의 명백한 지불 때문에 우리는 사망에게 이렇게 말할 수 있다. "사망아 너의 쏘는 것이 어디 있느냐?" 예수 그리스도를 믿는 우리에게는 죽어서 세상을 떠날 때 다른 무엇으로 바뀌는 시간이 따로 없다. 눈 깜짝할 사이에 구세주의 온전한 임재 가운데 있게 된다. 우리는 영원한 존재로 온전히 부활한다. 죽었다기보다는 하나님의 완전함 가운데로 옮겨진다고 하는 것이 더 적절하다.

  이 사실을 제대로 이해하면 죽음이 더 이상 위협이 되지 않는다. 그리스도 안에서 신뢰하고 사랑했던 가족이 우리를 영원히 떠난다 해도, 훗날 그들과 다시 만날 것을 안다면 이별의 아픔을 조금은 덜 수 있다. 물론 그립다. 그러나 영원은 엄청나게 긴 시간이다.

  아버지와 아들이 차를 타고 가는데 벌이 차안으로 들어왔다. 아들은 벌에 심한 알레르기가 있었다. 아버지가 곁눈질로 보니 아이는 이미 겁에 질려 있었다. 아버지는 손을 뻗어서 벌을 잡아 주먹을 움켜쥐었다가 풀었다. 벌이 재빨리 나와서 또 다시 아들 주변에서 윙윙거렸다. 아들이 도와달라고 소리쳤다.

  "괜찮아. 그 벌은 소리만 요란하지 침이 없어." 아버지는 손을 펴서 벌에 쏘인 자국을 보여주었다.

  우리의 삶과 세상에서 죽음은 많은 잡음을 만들어낸다. 그러나 십자가가 우리를 위해 거둔 최고의 승리로 인해 죽음은 더 이상 우리를 쏘지 못한다. 예수 그리스도의 부활은 도사리는 죽음의 위험과 함께 우리를 공격하는 최악의 상황이 실은 죽음이 아니라 그것의 그림자라는 사실을 알려준다.

바울은 몸을 떠나 있는 것이 주와 함께 있는 것이라고 말한다(고후 5:8). 이것을 생각해보라. 이 진리를 영혼 깊이 받아들이면 예수 그리스도와 그분의 십자가를 믿는 사람인 우리는 굳이 죽음을 경험하지 않아도 이미 죽었다는 사실을 알 수 있다. 눈 깜짝할 사이에 세상에서 하늘로 순식간에 옮겨진다.

죽음은 끝이 아니라 시작이다. 장례식이 아니라 결혼식이다. 죽음은 새로운 삶의 시작이다. 우리는 십자가 때문에 담대하게 죽음과 대면할 수 있다.

승리는 우리의 것

이 진리는 우리의 삶에 어떤 영향력을 미치는가? 바울은 삶과 죽음의 문제에 대한 글을 마무리하며 이런 결론을 제시한다. "그러므로 내 사랑하는 형제들아 견실하며 흔들리지 말고 항상 주의 일에 더욱 힘쓰는 자들이 되라 이는 너희 수고가 주 안에서 헛되지 않은 줄 앎이라"(고전 15:58). 이것이 죽음을 이기신 그리스도의 승리가 우리 삶에 가져오는 결과다. 더 이상 후회나 두려움에 매이지 말고 담대하고 일관된 모습으로 주를 위해 일하라. 근로자가 일주일, 한 달이 끝나면 보상을 받는다는 확신을 갖고 일하듯 우리도 확신을 갖고 주의 일을 해야 한다.

많은 그리스도인이 죽음과 관련하여 여전히 물음표를 갖고 살아간다. 아예 죽음을 부정하고 접어둔 채 살기도 한다. 그럴수록 주님을 위해 하는 일이 버겁고 힘들게 느껴진다. 그때 이런 질문이 생긴다. 그래서 얻는 유익이 무엇인가? 노력을 한다고 어떤 성과를 얻을 수 있는가? 그러나 죽음에 대한 승리와 영생이라는 현실이 영혼과 육체에 확고한 모습으로 자리 잡으면 주를 위해 하는 일에 확신이 생긴다. 언젠가 우리는 얼굴과 얼굴을 대하고 주님을 볼 것이다. 그때가 되면 주의 이름으로 한 모든 일 때문에 마음이 기쁠 것이다. 우리의 헌신과 섬김과 사랑에 보상이 주어진다. 세상에 살면서 영원을 위해 투자한 것을 이제 영원히 누리며 산다. 이것은 모두 사실이다. 십자가와 부활 때문이다. 이런 관점으로 살 때 이 땅에서 하나님의 마음, 하나님의 목적, 하나님의 관점, 하나님의 나라를 반영한 결정을 내릴 수 있다.

예수 그리스도 안에서 이미 당신의 것인 승리 안에 살라. 하나님은 그분의 자비와 은혜로 우리가 승리를 온전히 경험하도록 그분의 전부를 주셨다.

에필로그

십자가 아래의 연합

한 팀으로 모인 선수들은 계급, 인종, 신앙의 차이와 상관없이 협력한다. 알코올에 의존하는 사람들은 누구와 있든 한 마음으로 함께 술을 들이킨다. 마약을 하는 사람들도 인종과 상관없이 마약을 한다.

그리스도의 몸에는 무수한 차이가 있다. 그리스도인이 인종, 계급, 문화, 교파로 나뉘어 연합하지 못하는 문제의 뿌리가 무엇일까? 그것은 바로 십자가에서 예수님이 우리를 위해 하신 일에 대한 이해가 부족한 것이다.

우리는 은혜에 대해 찬양하지만 놀라운 은혜를 제대로 알지는 못한다. 갈보리와 갈보리의 성취를 축소하기 때문에 분열이 계속된다. 그 결과 하나님 나라를 세상에 임하게 하는 일도 효과적으로 하지 못한다.

십자가의 능력을 우리의 삶에 적용할 때 마지막으로 필요한 것은 이것이다. 하나님과의 화해를 통해 발견한 진리로 이루는 교회의 연합이다.

예수님은 체포되어 십자가에 달리시기 전, 제자들의 현재와 미래를 위해 기도하셨다. 요한복음 17장에 우리를 향한 예수님의 소망이 담겨 있다. "아버지여 아버지께서 내 안에 내가 아버지 안에 있는 것 같이 그들도 다 하나가 되어 우리 안에 있게 하사 세상으로 아버지께서 나를 보내신 것을 믿게 하옵소서"(요 17:21). 예수님은 세상을 떠나실 때 교회를 통해 역사 안에 연합을 주시기를 간구했다. 교회인 우리는 여러 면에서 매우 다르다. 하지만 우리가 차이를 극복하고 하나로 연합한 모습을 세상이 본다면 하나님이 그분의 독생자 예수 그리스도를 보내셨다는 사실을 세상도 믿게 될 것이다. 십자가로 우리를 위해 성취하신 연합의 목적은 예수님이 진리라는 사실을 세상이 알게 하는 것이다.

예수님은 대제사장적 기도에서 세상에 주 예수의 타당성을 드러내기 위해 하나로 연합하라고 교회에 촉구하셨다. 교회가 하나 되지 않으면 정반대의 결과가 일어난다. 우리 사이에 조화가 부족하여 예수 그리스도와 십자가가 세상에서 신뢰를 잃는다.

이 기도에서 중요한 점은 사랑 안에서의 하나 됨을 하나님과 온전한 관계를 경험하는 기준으로 제시하신 것이다. 요한일서에서 이를 확인할 수 있다. "누구든지 하나님을 사랑하노라 하고 그 형제를 미워하면 이는 거짓말하는 자니 보는 바 그 형제를 사랑하지 아니하는 자는 보지 못하는바 하나님을 사랑할 수 없느니라 우리가 이 계명을 주께 받았나니 하나님을 사랑하는 자는 또한 그 형제를 사랑할지니라"(요일 4:20-21). 하나님 사랑은 형제 사랑과 밀접한 관련이 있다. 하나님과 우리의 친교와 친밀함은 전적으로 우리 사이의 관계에 달려 있다. 이것은 예수님이 십자가에서 그분의 전부를 주시기 전에 하신 기도이자 계명이다. 그리스도의 몸의 하나 됨 즉 연합은 명령이다.

나를 포함한 많은 사람이 국가의 부흥을 위해 기도한다. 우리는 생각보다 훨씬 심각한 문제 가운데 있다. 국가가 내리는 선택의 중대한 결과가 우리에게 영향을 끼치고, 우리를 벼랑 끝으로 몰아넣는다. 부흥을 위해 반드시 필요한 한 가지가 현재 그리스도의 몸 안에 빠져 있다. 바로 연합이다. 하나님은 분리되고 정신분열에 빠진 교회에 복을 주시지 않는다. 인종차별 교회, 계급주의 교회, 율법주의 교회를 축복하지 않으신다. 오직 그리스도를 믿음으로 구원받는 우리는 십자가 아래 동등하다. 예수님은 이 연합을 위해 기도하며 목숨까지 버리셨다.

이 진리를 가장 명확하게 설명한 책이 에베소서다. 저자는 연합의 신학을 제시하며 십자가의 위대한 능력을 가르친다. 구원 이후 우리는 서로 사랑하는 모습으로 세상에 그리스도와 그분의 죽음, 부활을 알려야 한다는 숭고한 목적으로 부름받았다.

> "이제는 전에 멀리 있던 너희가 그리스도 예수 안에서 그리스도의 피로 가까워졌느니라 그는 우리의 화평이신지라 둘로 하나를 만드사 원수된 것 곧 중간에 막힌 담을 자기 육체로 허시고 법조문으로 된 계명의 율법을 폐하셨으니 이는 이 둘로 자기 안에서

한 새 사람을 지어 화평하게 하시고 또 십자가로 이 둘을 한 몸으로 하나님과 화목하게 하려 하심이라 원수된 것을 십자가로 소멸하시고"(엡 2:13-16).

십자가에서 예수님은 분열의 담을 허무셨다. 우리의 평화를 세우고 그분의 보혈로 우리의 하나 됨을 사셨다. 우리는 평안을 만드는 것이 아니라 지키도록 부름받았다. 우리의 하나 됨은 십자가를 통해 그리스도 예수 안에 이미 만들어졌다. 그러므로 하나 됨을 경험하기 위해 우리가 바라봐야 하는 것은 십자가다. 바울은 하나 됨을 이렇게 설명한다. "모든 겸손과 온유로 하고 오래 참음으로 사랑 가운데서 서로 용납하고 평안의 매는 줄로 성령이 하나 되게 하신 것을 힘써 지키라"(엡 4:2-3).

우리는 연합을 찾거나 화해 세미나 개최 방법을 연구하라고 부름받지 않았다. 우리가 할 일은 겸손과 온유와 오래 참음으로 십자가 아래서 그리스도가 그분의 죽음으로 우리를 위해 이미 사신 연합을 지키는 일이다. 말씀에 따르면 예수님은 우리의 평화를 세우고 적의를 없애며 모든 담을 허무셨다. "유대인이나 헬라인이나…남자나 여자나"(갈 3:28). 십자가 아래에서는 어떠한 구별도 없다.

그리스도가 우리를 위해 확보하신 연합 안에서 겸손히 살아갈 때 우리의 가정, 교회, 지역이 달라지며 국가 전체, 심지어 세계가 달라진다. 십자가는 우리의 승리를 위한 능력의 근원이다. 그 능력을 얻는 열쇠는 연합이다.

잘 알다시피 물과 기름은 섞이지 않는다. 정상적으로는 그렇다. 그러나 예외가 있다. 물과 기름에 계란 같은 유화제를 넣으면 둘이 섞인다. 계란은 기름과 물에 각각 결합하여 물과 기름을 연결하는 역할을 한다. 우리의 문화는 다양한 인종, 배경, 지위, 취향, 교단으로 구성된다. 각자가 세분화되어 고유의 방식을 추구하느라 하나님을 위한 하나의 영향력을 발휘하지 못한다. 우리에게 주어진 유화제는 그리스도의 십자가다. 우리는 여전히 다르지만 예수님 안에서 공동의 유익을 위해 하나가 된다.

연합은 획일성이 아니다. 연합은 목적의 하나 됨이다. 십자가에서 이룬 연합의 목적은 예수가 그리스도요 하나님의 아들이시라는 것을 세상이 알게 하는 것이다. 그러나 우리가 이토록 분열된 상태에서는 그 사실을 선포하고 알리기 어렵다.

지금까지 살펴 보았듯 십자가는 우리를 위해 많은 것을 성취했다. 십자가는 능력, 축복, 은혜 등 많은 것을 우리에게 제공한다. 그러나 예수님은 그분을 만방에 알리는 유일한 방법이 있다고 하신다. 바로 십자가에서 우리를 위해 성취하신 평안의 연합이다. 우리의 분열은 하나님을 실망스럽게 하는 일인 동시에 하나님에 대한 불순종이다. 그리스도의 몸 안에 있는 다른 문제는 해결하지 못하더라도 이 분열의 문제는 바로잡아야 한다. 그렇지 않으면 그리스도의 죽음, 매장, 부활을 세상에 알리지 못하며 특히 예수님을 자신의 주님이자 구세주로 필요로 하는 사람들에게 전할 수 없다.

예수님은 십자가에서 생명을 주심으로 우리의 유익과 이익을 위해 최종 대가를 치르셨다. 모든 것을 주님께 빚진 자로서 예수님을 알리는 일에 전념하자. 교회가 평안을 누리고 참으로 하나가 되는 방법을 깨닫게 되기를 기도한다.